Handbuch
für
Dino-Detektive

moses.

© 2006 Miles Kelly Publishing Ltd, Bardfield Centre, Great Bardfield, Essex, CM7 4SL.
www.mileskelly.net

Titel der Originalausgabe *Dinosaur Detectives' Handbook*
Editorial Director Belinda Gallagher
Art Director Jo Brewer
Designer Candice Bekir

© der deutschsprachigen Ausgabe
2009 moses. Verlag GmbH

moses. Verlag GmbH
Arnoldstraße 13d
47906 Kempen
Fon 0 21 52 - 20 98 50
Fax 0 21 52 - 20 98 60
Mail info@moses-verlag.de
www.moses-verlag.de

ISBN 978-3-89777-499-5

Des Weiteren übernimmt der Verlag keine Verantwortung für die Inhalte der
Webseiten sowie deren Verknüpfung zu anderen Webseiten. Trotz größter Sorgfalt bei
der Bearbeitung sind Adress- und inhaltliche Änderungen möglich, für die der Verlag
jedoch keine Gewähr übernimmt. Für die Mitteilung von Fehlern und für
Verbesserungsvorschläge ist der Verlag dankbar.

Übersetzung aus dem Englischen Sandra Danch für Textilien
Redaktion und Satz der deutschen Ausgabe Textilien. Lektorat und Producing
Barbara Delius, Berlin
Einbandgestaltung Sandra Kretzmann
Produktmanagement Clarissa Flender
Herstellung Jessica Stöhr

Printed in China

INHALT

Auf den Spuren der Dinosaurier

Als Dino-Detektiv musst du sorgfältig recherchieren, Informationen sammeln und Spuren verfolgen: Wann hat der Dinosaurier gelebt, wie sah er aus und wo wurden Überreste des Dinosauriers gefunden? Die Tipps und Informationen auf jeder Doppelseite helfen dir dabei, den Überblick zu behalten.

Friedlicher Pflanzenfresser oder gefährlicher Fleischfresser? Schneller Sprinter oder langsames Schwergewicht? Wichtige Infos in Form eines Steckbriefes.

Achte auf die Farbe!

Anhand der Farben erkennst du sofort, in welchem Zeitabschnitt der Dinosaurier gelebt hat:

Orange = Trias
Blau = Jura
Grün = Kreide

Die Karte zeigt dir, in welchem Land Fossilien der Dinosaurier ausgegraben wurden.

Nur für Profis:
Spannende Insider-Informationen

Du hast gründlich recherchiert und messerscharf kombiniert? Hier kannst du alle wichtigen Informationen notieren.

MITTLERER JURA VOR 180–159 MIO. JAHREN

Fundort

Dino-Steckbrief

Lateinischer Name **Eustreptospondylus oxoniensis**

Bedeutung **Stark gebogene Wirbelsäule**

Gruppe **Theropoden**

Ernährung **Fleischfresser**

Länge **7 Meter**

Gewicht **250 Kilogramm**

Zeit **vor 160 Mio. Jahren**

Fundort **① Großbritannien**

Streng geheim ...

Bei der Entdeckung des *Eustreptospondylus*-Skeletts glaubte man zunächst, es seien Fossilien eines *Megalosaurus*.

Ergebnisse meiner Recherche

Entdeckt im ...   Buch ○   TV/Fi

42

Dino gesichtet: Poster und 50 Sticker

Dino-Poster

Dino-Detektive müssen alles im Blick haben: Das Poster zeigt dir sämtliche im Buch beschriebenen Dinosaurier sowie das Zeitalter, in dem sie gelebt haben.

Dino-Sticker

Die Dinos verfolgen dich auf Schritt und Tritt! Einfach Sticker aufkleben – und schon begleiten dich die Dinos überall hin.

EUSTREPTOSPONDYLUS

In der mittleren Jurazeit durchstreifte dieser gefürchtete Fleischfresser die Gegend um die heutige Stadt Oxford in Südengland. Der *Eustreptospondylus* war viel größer als Raubkatzen und konnte sich auf starken Hinterbeinen schnell fortbewegen. Dabei berührten nur drei seiner vier Zehen den Boden. Das große Maul war mit vielen sägeblattartigen Zähnen ausgestattet. Der *Eustreptospondylus* jagte vermutlich Stegosaurier und andere Sauropoden, die in derselben Region lebten.

Maßstab

kräftiger Körperbau

großer Kopf mit langem Kiefer und scharfen Zähnen

kurze Vordergliedmaßen mit drei Zehen

starke Hinterbeine für schnelle Bewegungen

Museum ○   Internet ○   43

Entscheidendes Erkennungsmerkmal eines Dinosauriers: die Größe – hier im Vergleich zum Menschen.

Dino-Porträt

Auf dieser Seite findest du jeweils die wichtigsten Informationen sowie eine Abbildung des Dinosauriers. Die Pfeile weisen auf besondere Merkmale hin.

Du hast zusätzliche Informationen über den Dinosaurier entdeckt oder ihn vielleicht sogar hautnah in einem Museum erforscht? Dann kreuze hier die entsprechende Informationsquelle an!

Entdecke die Welt der Dinosaurier!

Als der Forscher Sir Richard Owen 1841 die ersten Skelette der urzeitlichen Reptilien untersuchte, bezeichnete er diese aufgrund ihrer Ähnlichkeit mit „schrecklichen Echsen" als Dinosaurier (das griechische Wort „sauros" heißt Echse, „deinos" bedeutet schrecklich).

Typisch Dinosaurier ...

1 Im Gegensatz zu den abgespreizten Beinen anderer Reptilien saßen ihre Beine direkt unter dem Körper.

2 Das Fußgelenk war sehr einfach gebaut, darum waren nur wenige Bewegungen möglich. Viele andere Reptilien konnten ihre Gliedmaßen in alle Richtungen drehen.

3 Das Hüftbecken war fest mit der Wirbelsäule verbunden.

4 Die Hinterbeine fast aller Dinosaurier waren länger als die Vorderbeine.

Das Becken war mit der Wirbelsäule verwachsen.

einfach aufgebautes Fußgelenk

▶ *Dinosaurier bevölkerten unsere Erde mehr als 150 Millionen Jahre – länger als jede andere Tierart. Das Zeitalter der Dinosaurier wird auch Erdmittelalter (Mesozoikum) genannt und ist in drei Abschnitte oder Perioden unterteilt: Trias-, Jura- und Kreidezeit. Dinosaurier traten erstmals in der späten Trias auf. Während der Jurazeit lebten die bekannten Riesendinosaurier, in der Kreidezeit war die Artenvielfalt am größten.*

VOR ... MIO. JAHREN	ZEIT-ALTER	Zeitabschnitt
80		
100	MESOZOIKUM (ZEITALTER DER DINOSAURIER)	KREIDE
120		
140		
160		JURA
180		
200		
220		TRIAS

Echsen- oder Vogelbecken?

Bei den als *Dinosauria* bezeichneten Reptilien unterscheiden wir zwischen der Ordnung der Saurischia und der Ornithischia. Entscheidend ist dabei der Bau des Beckens, das entweder dem einer Echse oder eines Vogels ähnelte.

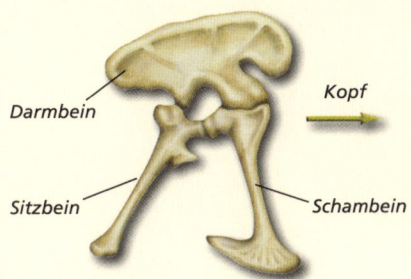

Darmbein

Kopf

Sitzbein

Schambein

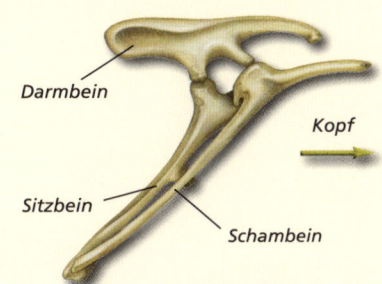

Darmbein

Kopf

Sitzbein

Schambein

Bei den *Saurischia* oder Echsenbecken-Dinosauriern zeigte der Schambeinknochen, auch Pubis genannt, nach vorn und unten.

Bei den *Ornithischia* oder Vogelbecken-Dinosauriern verlief der Pubisknochen nach hinten unten und lag direkt neben dem Sitzbein.

Entlarvt: Pflanzen- oder Fleischfresser

Das Becken verrät, ob ein Dinosaurier Pflanzenfresser oder Fleischfresser war. Alle Raubsaurier und einige wenige Pflanzenfresser hatten ein echsenähnliches Becken. Vogelbecken-Dinosaurier dagegen ernährten sich ausschließlich von Pflanzen.

SAURISCHIA (ECHSENBECKEN)

THEROPODEN (Raubtierfüßer): Zu dieser Gruppe zählen fast nur fleischfressende Dinosaurier. Die meisten liefen auf den Hinterbeinen. Die Füße hatten je drei Zehen mit scharfen Krallen.

SAUROPODEN (Echsenfüßer): Zu dieser Gruppe gehören nur Pflanzenfresser. Hals und Schwanz waren sehr lang, der Körper massig und die Beine säulenartig.

ORNITHISCHIA (VOGELBECKEN)

Alle Dinosaurier dieser Gruppe waren Pflanzenfresser.

ORNITHOPODEN (zwei- oder vierbeinige Vogelfüßer)

STEGOSAURIER (Stachelechsen)

ANKYLOSAURIER (Panzerechsen)

PACHYCEPHALOSAURIER (Knochenschädelechsen)

CERATOPSIER (Horngesichtechsen)

Fossilien beweisen, dass es
Dinosaurier gab. Fossilien
sind die Überreste oder Spuren
früherer Lebewesen. Der tote
Körper wurde von Sand,
Schlamm oder Steinen bedeckt.
Über Jahrmillionen entstanden
Versteinerungen oder Abdrücke
von Skelettteilen. Fossilien gibt
es auch von anderen Tieren
und Pflanzen.

◄ *Eine versteinerte
Kralle des Fleisch-
fressers* Baryonyx.
*Fossilien wie diese
liefern den
Paläontologen
(Wissenschaftler,
die Dinosaurier
ausgraben)
wichtige Infor-
mationen über die
Lebensweise und das
mögliche Aussehen
eines Dinosauriers.*

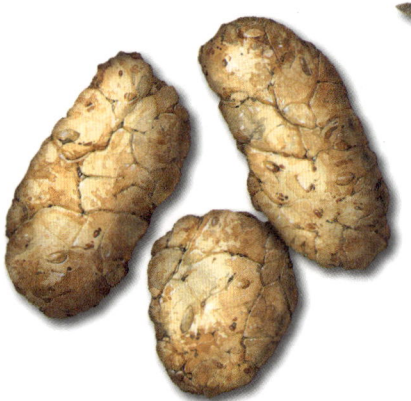

◄ *Normalerweise bilden nur die härtesten
Bestandteile eines Lebewesens Fossilien. Bei den
Dinosauriern waren das hauptsächlich die
Knochen, Zähne, Hörner und Krallen. Die
weicheren Teile wie Muskeln, Nerven und die
Haut verwesten mit der Zeit oder wurden von
Aasfressern verzehrt. Aber man hat auch schon
versteinerten Kot von Dinosauriern entdeckt.
Diese Fossilien heißen* Koprolíten.

Ein ungelöstes Rätsel: Die Farbe der Dinosaurier

Fossilien bestehen nicht aus dem
ursprünglichen organischen Material.
Überreste versteinern und nehmen die
Farbe des Minerals an. Daher ist es
schwer, die Hautfarbe der Dinosaurier zu bestimmen. Einige
hatten vermutlich eine braun-
grüne Tarnfarbe wie die
Alligatoren oder Schildkröten
unserer Zeit, andere eine
bunte Haut wie Schlangen oder Echsen.

*Der Stegosaurus
hatte vermutlich
eine helle
Hautfarbe.*

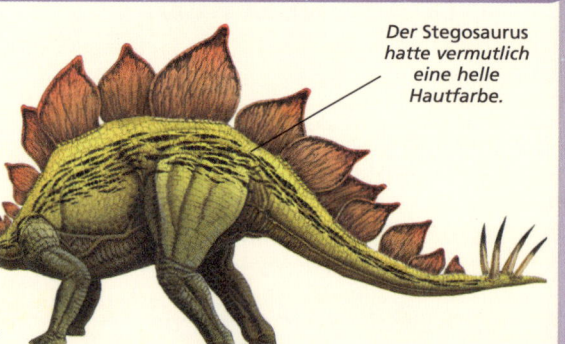

1 *Paläontologen legen die vom Erdboden bedeckten Überreste frei. Manchmal müssen sie tief graben, um das Fossil zu bergen.*

2 *Vor der Ausgrabung werden Pläne und Karten mit genauen Angaben zur Lage des Fossils angefertigt. Sie sind wichtig für die Untersuchung im Labor.*

3 *Für den Transport von der Ausgrabungsstätte zum Labor werden die Funde gut verpackt.*

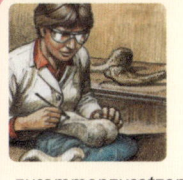

Im Labor werden die Fossilien sorgfältig gesäubert und untersucht. Meist sind die Überreste beschädigt, zerbrochen oder unvollständig. Es erfordert viel Geschick und Geduld, die Fossilien wieder zusammenzusetzen. Die fehlenden Teile werden oft durch Fossilien ähnlicher Dinosaurier ersetzt.

▲ *Wissenschaftler untersuchen Art und Alter des Gesteins. Dinosaurier-Fossilien kommen in der Erdschicht des Mesozoikums vor. Paläontologen suchen einen bestimmten Bereich nach Überresten ab. Sie legen die Funde vorsichtig frei. Jede Phase der Ausgrabung wird mit Notizen, Plänen und Fotos dokumentiert.*

Wenn die Fachleute ein Skelett vollständig zusammengesetzt haben, können sie sich vorstellen, wie der Dinosaurier aussah. Spuren an den Knochen verraten, wo die Muskeln befestigt waren, wie groß sie waren und was sie bewegten. Durch den Vergleich mit lebenden Verwandten wie den Krokodilen lassen sich die weichen Körperteile ergänzen.

Fundorte

Streng geheim ...

Der *Allosaurus* hatte nach hinten gebogene Zähne, damit sich die Beute nicht aus seinem Kiefer befreien konnte.

Dino-Steckbrief

Lateinischer Name *Allosaurus fragilis*

Bedeutung Andersartige Echse

Gruppe Theropoden

Ernährung Fleischfresser

Länge 12 Meter

Gewicht 2 Tonnen

Zeit vor 150 Mio. Jahren

Fundorte ① USA ② Afrika ③ Australien

Ergebnisse meiner Recherche

Entdeckt im ...   Buch ◯   TV/Film ◯

ALLOSAURUS

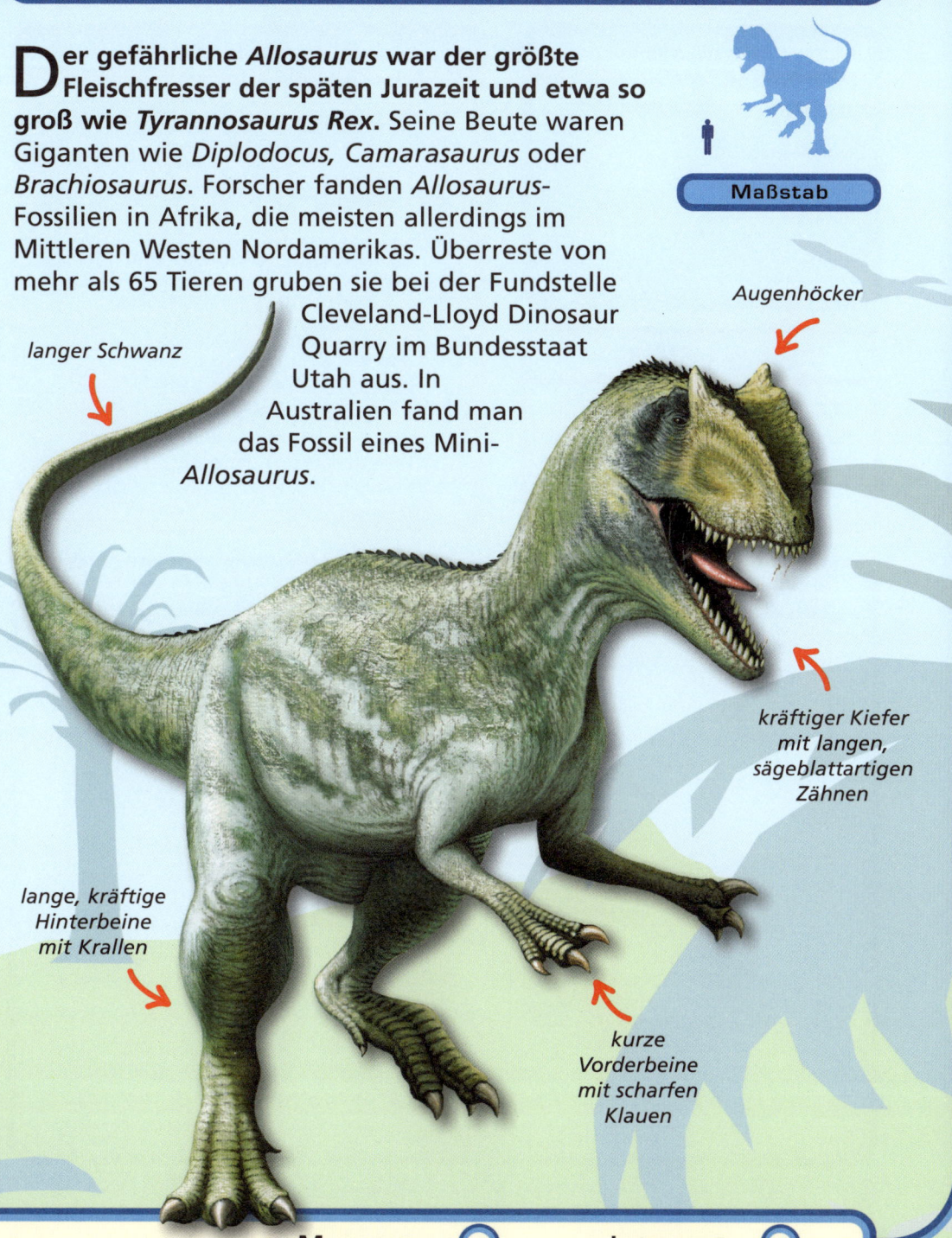

Der gefährliche *Allosaurus* war der größte Fleischfresser der späten Jurazeit und etwa so groß wie *Tyrannosaurus Rex*. Seine Beute waren Giganten wie *Diplodocus, Camarasaurus* oder *Brachiosaurus*. Forscher fanden *Allosaurus*-Fossilien in Afrika, die meisten allerdings im Mittleren Westen Nordamerikas. Überreste von mehr als 65 Tieren gruben sie bei der Fundstelle Cleveland-Lloyd Dinosaur Quarry im Bundesstaat Utah aus. In Australien fand man das Fossil eines Mini-*Allosaurus*.

Maßstab

Augenhöcker

langer Schwanz

kräftiger Kiefer mit langen, sägeblattartigen Zähnen

lange, kräftige Hinterbeine mit Krallen

kurze Vorderbeine mit scharfen Klauen

Museum ◯ Internet ◯

Fundort

Dino-Steckbrief

Lateinischer Name *Ankylosaurus magniventris*

Bedeutung Versteifte Echse

Gruppe Ankylosaurier

Ernährung Pflanzenfresser

Länge 7 Meter

Gewicht 4 Tonnen

Zeit vor 70 Mio. Jahren

Fundort ① Nordamerika

Streng geheim ...

Der *Ankylosaurus* war etwa so schwer wie ein Elefant. Allein das dicke Ende der Schwanzkeule wog 50 Kilo.

Ergebnisse meiner Recherche

Entdeckt im ...　　　Buch 　　　TV/Film

ANKYLOSAURUS

Der *Ankylosaurus* **besaß zur Verteidigung einen dicken, knochigen Rückenpanzer.** Der schützte ihn von Kopf bis Schwanz. Die Bauchseite war jedoch weich und ungepanzert. Daran erkennt man, dass er sich nah über dem Boden fortbewegt haben muss. Der *Ankylosaurus* hatte eine kräftige Schwanzkeule aus Knochenplatten, die er wie einen Hammer schwang. Sie war etwa einen Meter breit und konnte Feinden einen lähmenden Schlag versetzen.

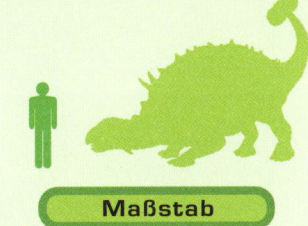

Maßstab

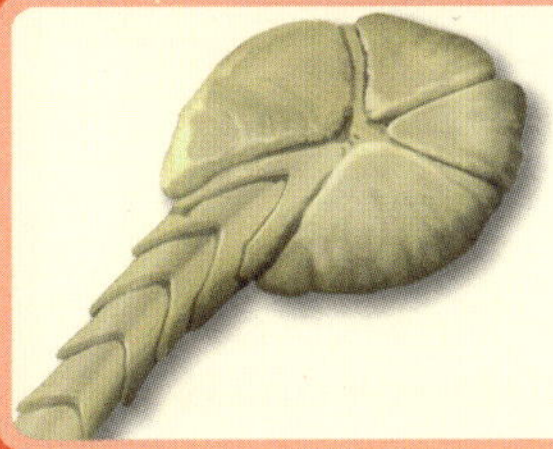

Die Schwanzkeule bestand aus zusammengewachsenen Knochenteilen.

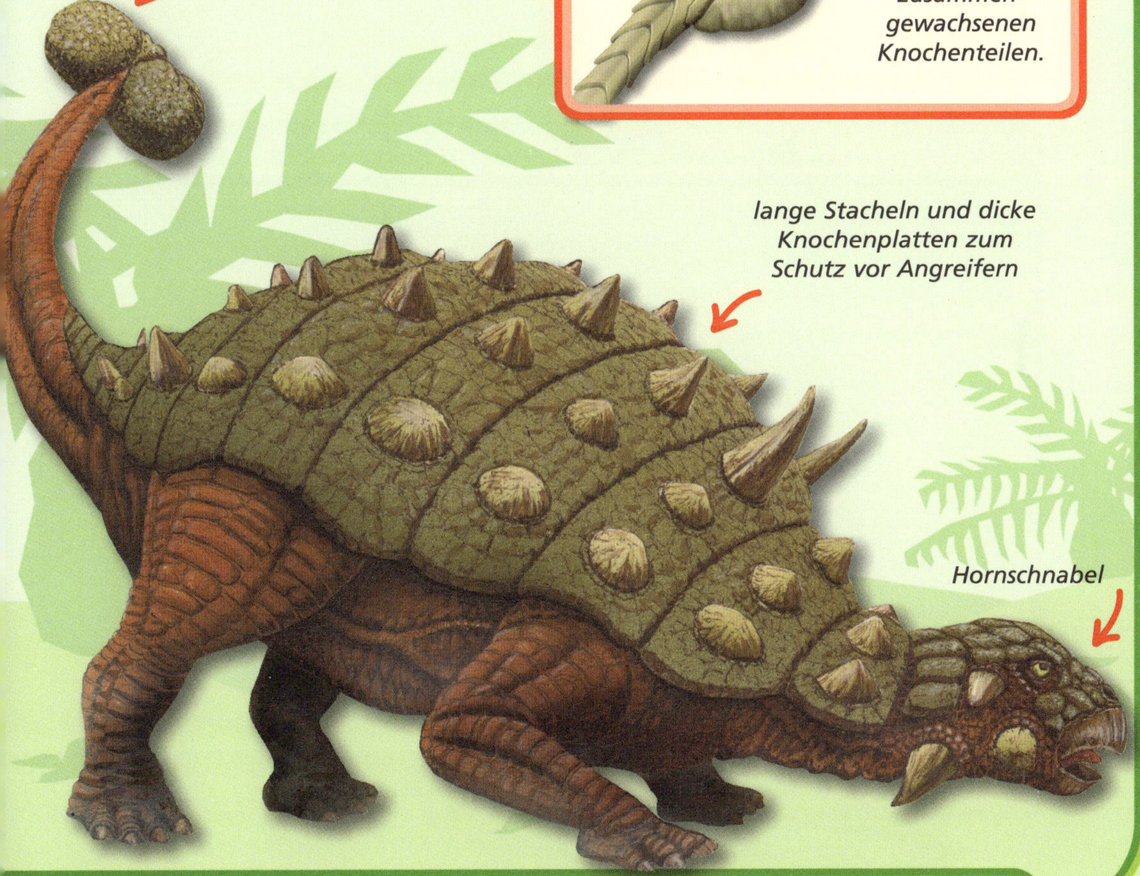
Schwanzkeule
lange Stacheln und dicke Knochenplatten zum Schutz vor Angreifern
Hornschnabel

Museum ○ Internet ○

Fundorte

Dino-Steckbrief

Lateinischer Name *Apatosaurus ajax*

Bedeutung Trügerische Echse

Gruppe Sauropoden

Ernährung Pflanzenfresser

Länge 23 Meter

Gewicht 30 Tonnen

Zeit vor 152 Mio. Jahren

Fundorte ① USA ② Mexiko

Streng geheim ...

Der Kopf des *Apatosaurus* war im Verhältnis zum Körper sehr klein. Er war kaum größer als der Kopf eines Ponys.

Ergebnisse meiner Recherche

Den langen Schwanz mit 82 Wirbeln setzte der Apatosaurus *wie eine Peitsche gegen Angreifer ein.*

Entdeckt im ... Buch ◯ TV/Film ◯

APATOSAURUS

Forscher fanden erstmals 1877 Fossilien des *Apatosaurus*. Ähnliche Überreste ordneten sie dem *Brontosaurus* zu. Tatsächlich gehörten beide Funde zu demselben Dinosaurier. Der Name *Brontosaurus* ist darum nicht mehr gebräuchlich. Der *Apatosaurus* war riesenhaft, aber schnell. Die 17 Zentimeter lange Kralle an jedem Vorderfuß diente der Verteidigung und der lange, muskulöse Schwanz dem Gleichgewicht.

Maßstab

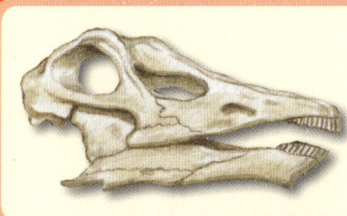

Der Apatosaurus *hatte nur im vorderen Bereich des Kiefers Zähne. Damit rupfte er Blätter von den Bäumen.*

winziger Kopf mit stiftartigen, stumpfen Zähnen

kräftige, säulenartige Beine

Fundorte

Streng geheim ...

Der *Avimimus* war vermutlich mit Vögeln verwandt. Er hatte auch Federn, Schnabel und einen schlanken Hals.

Dino-Steckbrief

Lateinischer Name *Avimimus portentosus*

Bedeutung Vogelnachahmer

Gruppe Theropoden

Ernährung Allesfresser

Länge 1,5 Meter

Gewicht 10 Kilo

Zeit vor 95 Mio. Jahren

Fundorte ① Mongolei ② China

Ergebnisse meiner Recherche

Entdeckt im ...   Buch ◯   TV/Film ◯

AVIMIMUS

Die meisten dieser kleinen Dinosaurier lebten dort, wo heute die Wüste Gobi ist. Mit seinem kräftigen, scharfen Schnabel pickte der *Avimimus* kleine Tiere und wahrscheinlich auch Pflanzen auf. Knochenfossilien deuten darauf hin, dass der *Avimimus* zumindest an den Vorderbeinen Federn hatte. Die Gliedmaßen waren zum Fliegen allerdings zu schwach und klein. Das Gefieder diente wohl nur als Wärmeschicht und zur Tarnung.

Maßstab

starker, spitzer Schnabel, um Futter aufzupicken

gefiederter Rücken

Vordergliedmaßen mit Federn

lange, kräftige Hinterbeine

Museum   Internet

SPÄTER JURA VOR 159–144 MIO. JAHREN

Fundorte

Streng geheim ...

Der riesige *Barosaurus* konnte sich sogar auf die Hinterbeine stellen, um an die höchsten Bäume zu gelangen.

Dino-Steckbrief

Lateinischer Name *Barosaurus lentus*

Bedeutung Schwere Echse

Gruppe Sauropoden

Ernährung Pflanzenfresser

Länge 25 Meter

Gewicht 30 Tonnen

Zeit vor 155 Mio. Jahren

Fundorte ① USA ② Afrika

Ergebnisse meiner Recherche

Entdeckt im ...   Buch   TV/Film

BAROSAURUS

Verglichen mit dem beeindruckend langen Hals und Schwanz besaß der *Barosaurus* einen kleinen Körper. Der Hals bestand aus etwa 16 Wirbeln – einige waren fast einen Meter lang. So konnte er die höchsten Zweige von Nadelbäumen oder Blätter der Baumfarne und Ginkgobäume erreichen. Fossilien des *Barosaurus* wurden in Utah und South Dakota in den USA und, so nimmt man an, auch in Tansania in Afrika gefunden.

Maßstab

Der Barosaurus *schluckte sogenannte Magensteine oder Gastrolithen. Sie halfen beim Zermahlen und Verdauen der Nahrung.*

sehr langer Hals, um hohe Bäume zu erreichen

ziemlich kleiner Rumpf mit langem Schwanz

große, säulenartige Beine

Fundort

Dino-Steckbrief

Lateinischer Name *Baryonyx walkeri*

Bedeutung Mächtige Kralle

Gruppe Theropoden

Ernährung Fleischfresser

Länge 9 Meter

Gewicht 2 Tonnen

Zeit vor 125 Mio. Jahren

Fundort ① Großbritannien

Streng geheim ...

Der *Baryonyx* hatte über 100 scharfe, sägeblattartige Zähne – mehr als die meisten anderen Theropoden.

Ergebnisse meiner Recherche

Entdeckt im ...   Buch ◯   TV/Film ◯

BARYONYX

Maßstab

Der große, schlanke und schnelle *Baryonyx* wurde nach der riesigen, sichelförmigen Kralle an den Vorderfüßen benannt. Er war vermutlich ein Fischjäger, der seine Beute mit den Klauen tötete, und er hatte einen langen, schmalen Kiefer wie ein Krokodil. Der *Baryonyx* war wahrscheinlich ein sehr intelligenter Dinosaurier.

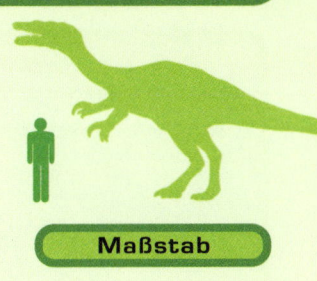

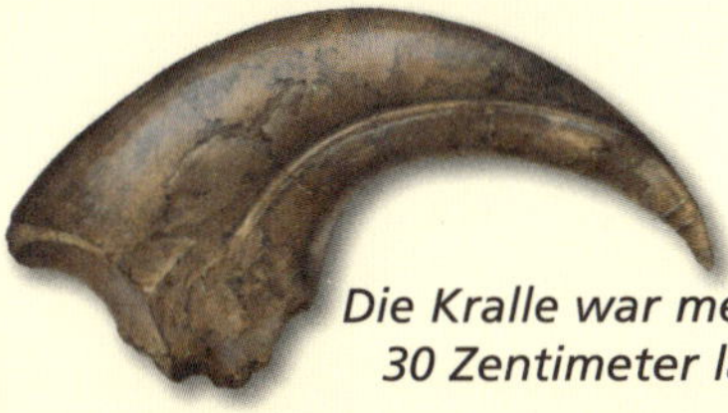

Die Kralle war mehr als 30 Zentimeter lang.

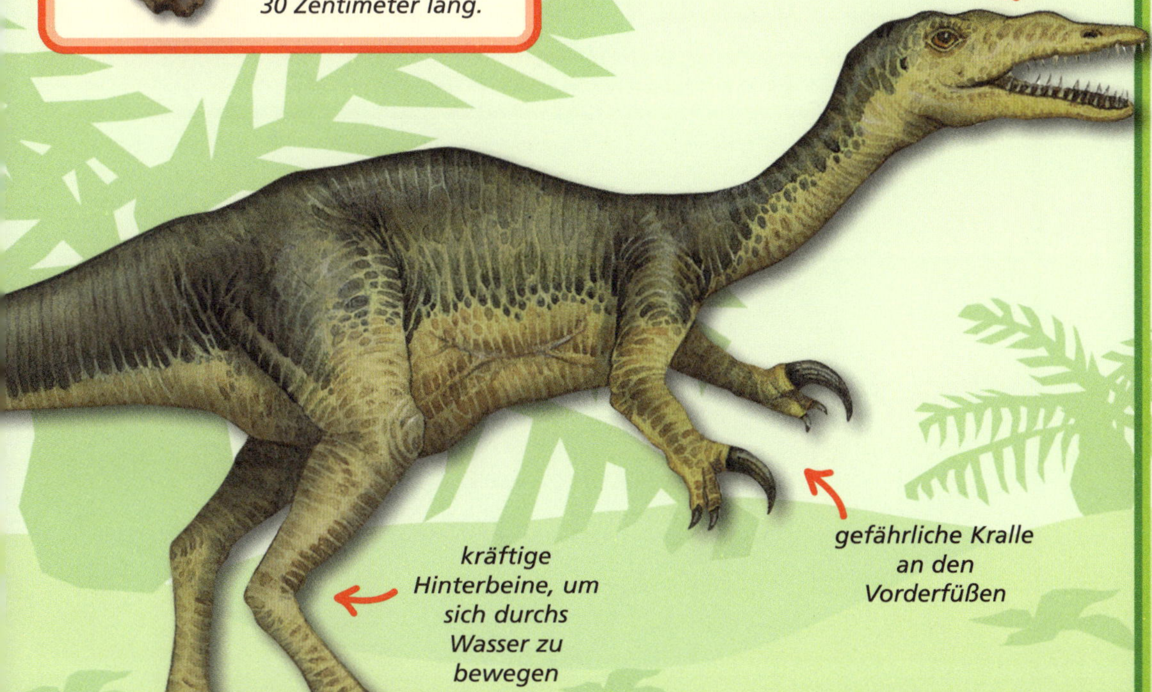

lange Schnauze mit scharfen Zähnen
gefährliche Kralle an den Vorderfüßen
kräftige Hinterbeine, um sich durchs Wasser zu bewegen

Museum ○ Internet ○

Fundorte

Dino-Steckbrief

Lateinischer Name *Brachiosaurus altithorax*

Bedeutung Armechse

Gruppe Sauropoden

Ernährung Pflanzenfresser

Länge 25 Meter

Gewicht 30 bis 75 Tonnen

Zeit vor 150 Mio. Jahren

Fundorte ① Nordamerika ② Europa ③ Afrika

Streng geheim ...

Der *Brachiosaurus* hatte ähnliche Proportionen wie eine Giraffe, war aber doppelt so groß und 50-mal so schwer.

Ergebnisse meiner Recherche

Entdeckt im ...   Buch   TV/Film

BRACHIOSAURUS

Ein nahezu komplett erhaltenes Skelett beweist, dass der *Brachiosaurus* der größte bisher bekannte Dinosaurier war. Er war auch der am weitesten verbreitete, denn Fossilien wurden in Afrika, Europa und auch in den USA ausgegraben. Sein Name bezieht sich auf die langen Vorderbeine. Da sein Hals so lang wie eine Fahnenstange war, konnte er Blätter in 14 Metern Höhe fressen. Bis heute wissen Forscher nicht genau, warum sich die Nasenlöcher dieses Dinosauriers auf dem Kopf, oberhalb der Augen befanden.

Maßstab

Nasenlöcher auf dem Kopf

außergewöhnlich langer Hals

längere Vorder- als Hinterbeine

Museum ⬤ Internet ⬤

Fundorte

Dino-Steckbrief

Lateinischer Name *Camarasaurus supremus*

Bedeutung Gekammerte Echse

Gruppe Sauropoden

Ernährung Pflanzenfresser

Länge 20 Meter

Gewicht 20 Tonnen

Zeit vor 152 Mio. Jahren

Fundorte ① USA ② Mexiko

Streng geheim ...

Rücken- und Halswirbel des *Camarasaurus* waren hohl. Daher die Bezeichnung „gekammerte Echse".

Ergebnisse meiner Recherche

Entdeckt im ...   Buch ⬤   TV/Film ⬤

CAMARASAURUS

Der *Camarasaurus* hatte einen kürzeren und dickeren Hals und Schwanz als seine Artgenossen, etwa der *Brachiosaurus* und *Diplodocus*. Er ist einer der bekanntesten großen Dinosaurier. Paläontologen haben viele fast vollständige Skelette gefunden. In den 1920er-Jahren legten sie die Überreste eines Jungtiers frei. Dies war ein sehr seltener Fund: Fast jeder Knochen saß noch an seiner ursprünglichen Stelle.

Maßstab

kräftiger, schwerer *Rumpf*

kleiner Kopf und ziemlich kurzer, dicker Hals

scharfe *Krallen zur Verteidigung*

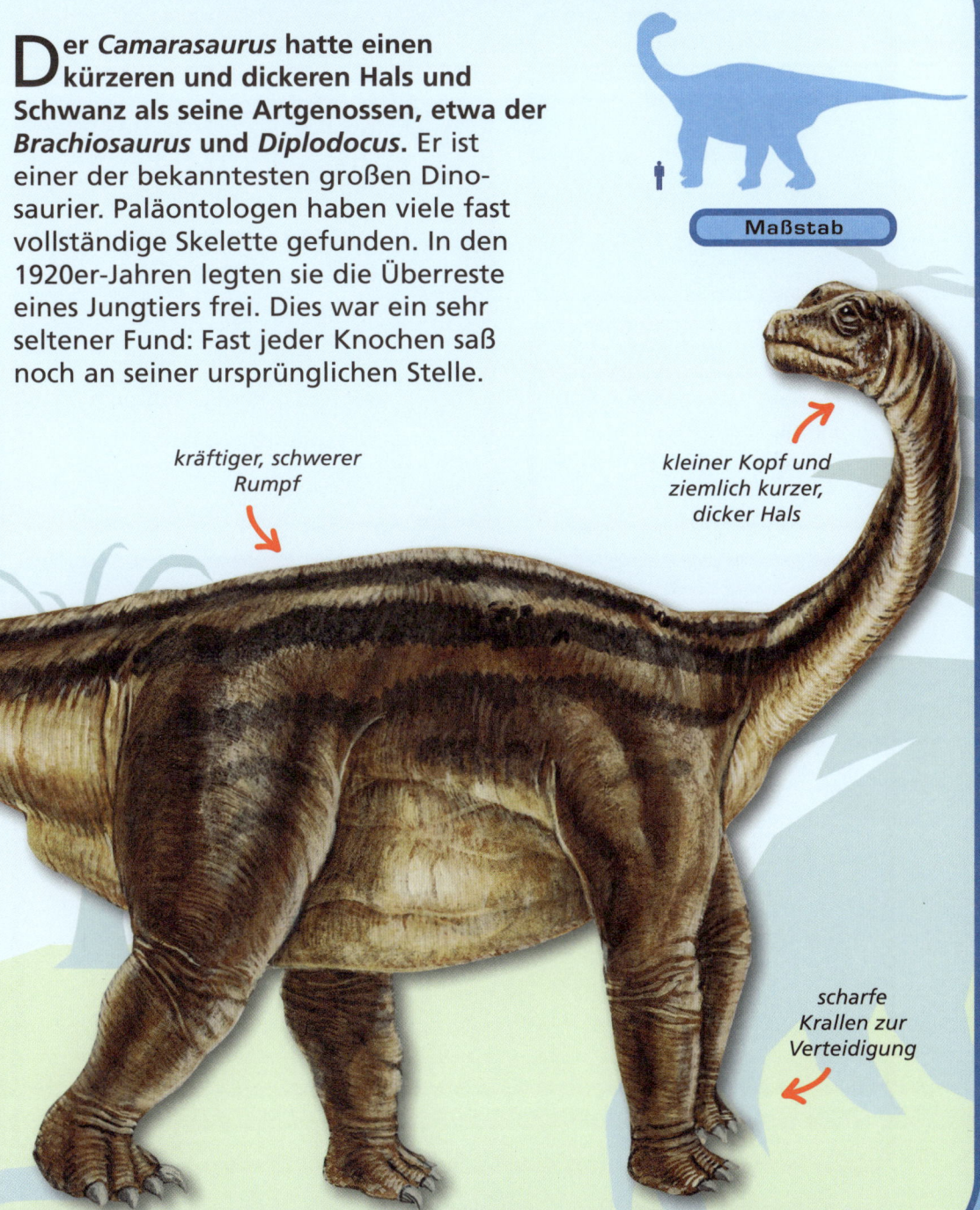

Fundort

Streng geheim …

Fossilien des *Caudipteryx* deuten darauf hin, dass er Steine zur besseren Verdauung der Nahrung schluckte.

Dino-Steckbrief

Lateinischer Name *Caudipteryx zoui*

Bedeutung Federschwanz

Gruppe Theropoden

Ernährung Allesfresser

Länge 80 Zentimeter

Gewicht 5 Kilogramm

Zeit vor 140 Mio. Jahren

Fundort ① China

Ergebnisse meiner Recherche

Entdeckt im …   Buch ◯   TV/Film ◯

CAUDIPTERYX

Der *Caudipteryx* war ungefähr so groß wie ein Truthahn und wies vermutlich verschiedene Merkmale von Vögeln auf. Er hatte einen Schnabel mit Zähnen im Oberkiefer, Körper, Schwanz und Vordergliedmaßen waren gefiedert. Fliegen konnte er aber nicht. Wissenschaftler nehmen daher an, dass die Federn die Funktion hatten, die Körpertemperatur zu regulieren – eine typische Eigenschaft von Warmblütern. Vielleicht diente das farbige Federkleid aber auch dazu, einen Partner während der Paarungszeit anzulocken.

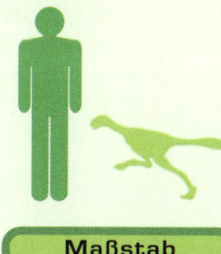

Maßstab

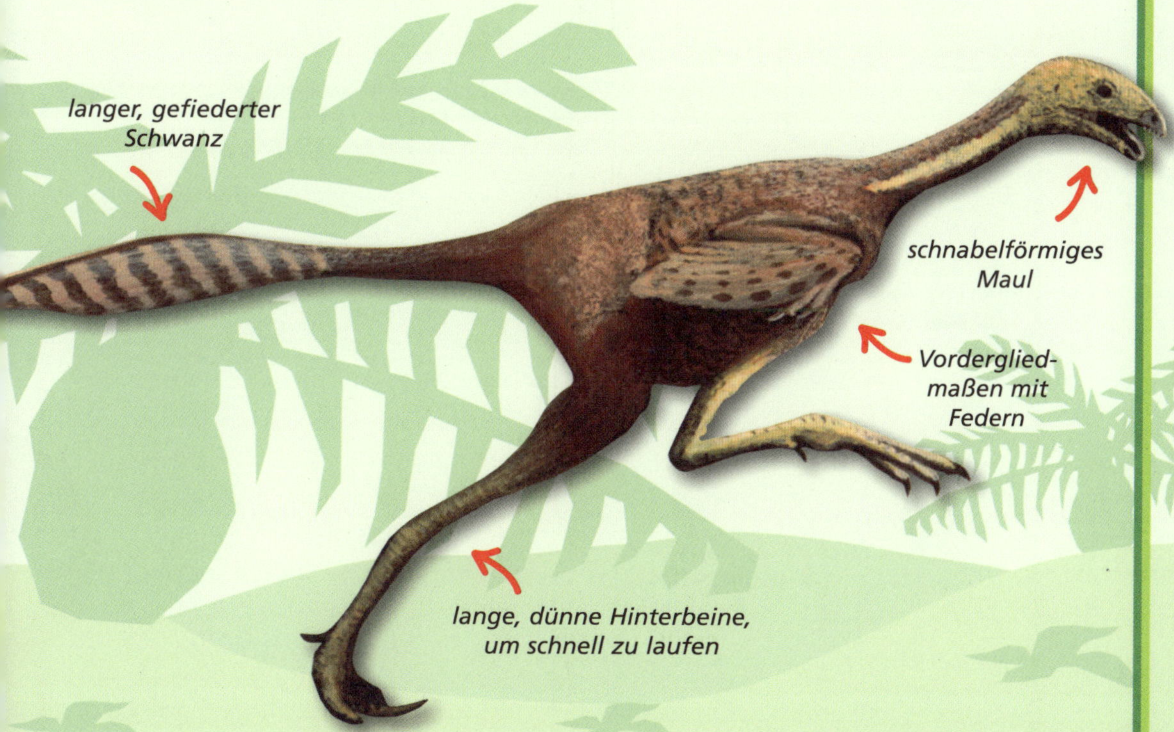
langer, gefiederter Schwanz
schnabelförmiges Maul
Vordergliedmaßen mit Federn
lange, dünne Hinterbeine, um schnell zu laufen

Museum ○ Internet ○

Fundorte

Dino-Steckbrief

Lateinischer Name *Ceratosaurus nasicornus*

Bedeutung Hornechse

Gruppe Theropoden

Ernährung Fleischfresser

Länge 6 Meter

Gewicht 850 Kilogramm

Zeit vor 150 Mio. Jahren

Fundorte ① USA ② Afrika

Streng geheim ...

Der *Ceratosaurus* besaß Vorderbeine mit vier Fingern. Viele Fleischfresser dieser Zeit hatten drei Finger.

Ergebnisse meiner Recherche

Entdeckt im ...   Buch ◯   TV/Film ◯

CERATOSAURUS

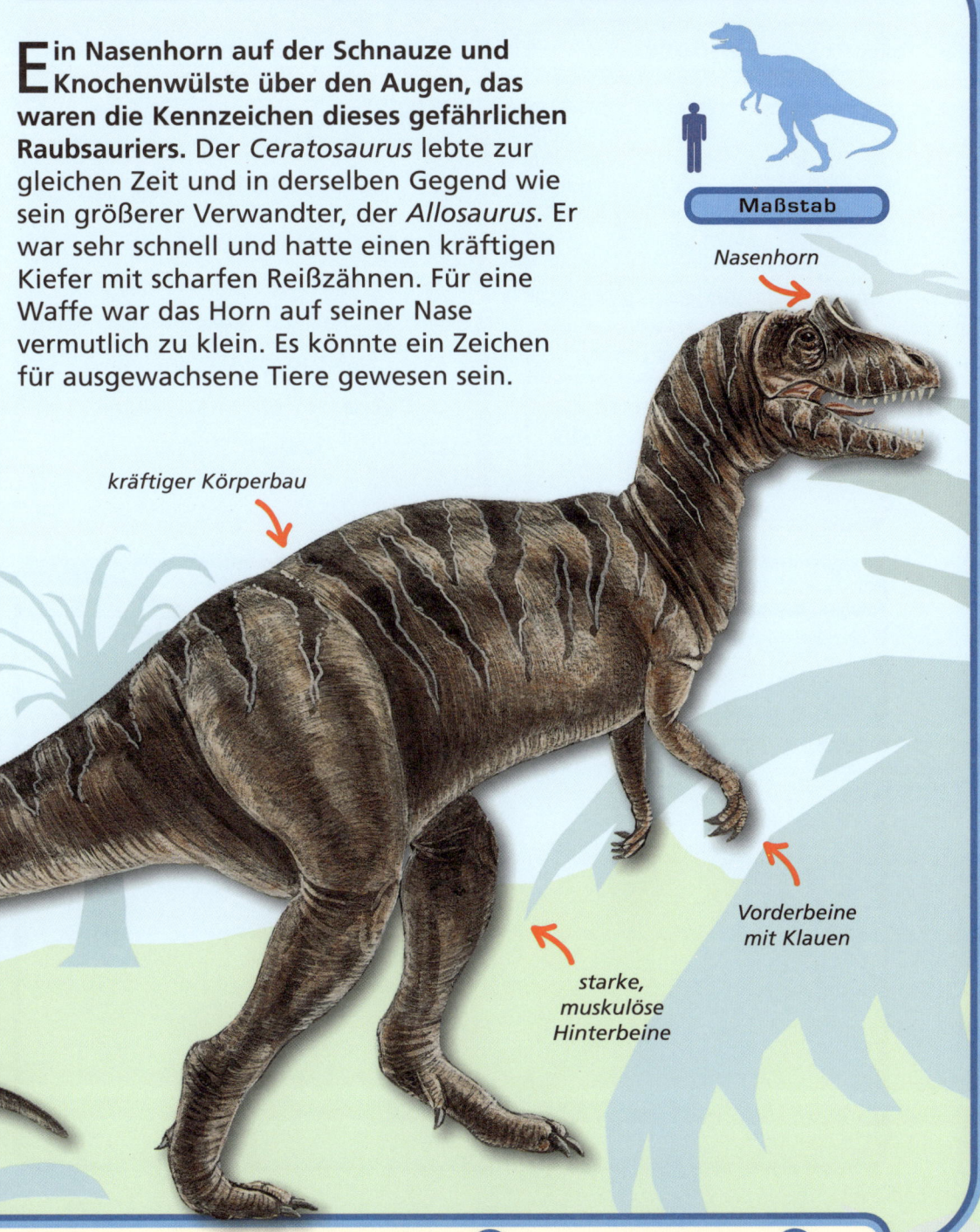

Ein Nasenhorn auf der Schnauze und Knochenwülste über den Augen, das waren die Kennzeichen dieses gefährlichen Raubsauriers. Der *Ceratosaurus* lebte zur gleichen Zeit und in derselben Gegend wie sein größerer Verwandter, der *Allosaurus*. Er war sehr schnell und hatte einen kräftigen Kiefer mit scharfen Reißzähnen. Für eine Waffe war das Horn auf seiner Nase vermutlich zu klein. Es könnte ein Zeichen für ausgewachsene Tiere gewesen sein.

Maßstab

Nasenhorn

kräftiger Körperbau

Vorderbeine mit Klauen

starke, muskulöse Hinterbeine

Museum   Internet

Fundort

Dino-Steckbrief

Lateinischer Name *Coelophysis bauri*

Bedeutung Hohle Form

Gruppe Theropoden

Ernährung Fleischfresser

Länge 3 Meter

Gewicht 30 Kilogramm

Zeit vor 220 Mio. Jahren

Fundort ① USA

Streng geheim ...

1998 nahmen Astronauten den Schädel eines *Coelophysis* mit an Bord der Weltraumstation *Mir*.

Ergebnisse meiner Recherche

Entdeckt im ...   Buch   TV/Film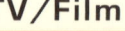

COELOPHYSIS

Der *Coelophysis* hatte hohle Knochen und einen schlanken Körper. Darum war er sehr leicht. Mit seinen scharfen Zähnen konnte er kleine Tiere wie Eidechsen oder Würmer schnappen. Forscher halten den *Coelophysis* für den schnellsten Dinosaurier der Triaszeit, vielleicht sogar das schnellste Tier überhaupt damals. Er erreichte eine Geschwindigkeit von rund 40 Stundenkilometern. Bei der Fundstelle mit dem Namen „Ghost Ranch" in New Mexico (USA) entdeckten Paläontologen hunderte Fossilien dieser Art.

Maßstab

kleine, messerscharfe Zähne

Krallen zum Zerreißen der Beute

lange Hinterbeine, um schnell zu rennen

Museum   Internet

Fundort

Dino-Steckbrief

Lateinischer Name *Compsognathus longipes*

Bedeutung Eleganter Kiefer

Gruppe Theropoden

Ernährung Fleischfresser

Länge 1 Meter

Gewicht 2 Kilogramm

Zeit vor 150 Mio. Jahren

Fundort ① Deutschland

Streng geheim ...

Der *Compsognathus* war vielleicht mit dem Urvogel Archaeopteryx verwandt, der auch in Deutschland gefunden wurde.

Ergebnisse meiner Recherche

Entdeckt im ...   Buch ◯   TV/Film ◯

COMPSOGNATHUS

Der *Compsognathus* **war vermutlich der kleinste Dinosaurier:** Er war etwas größer als eine Hauskatze und wog nur zwei Kilo. Die Hinterbeine waren so dick wie ein menschlicher Daumen und die Vorderbeine dünn wie Stifte. Der peitschenähnliche Schwanz machte die Hälfte seiner Gesamtlänge aus. Dennoch war der *Compsognathus* ein gefährlicher Jäger von Insekten, Würmern, Eidechsen und vermutlich von frisch geschlüpften anderen Dinosauriern.

Maßstab

langer Schwanz

schlanker Körperbau

zugespitzter Kopf mit kleinen, scharfen Zähnen

lange, dünne Hinterbeine

scharfe Krallen

Fundort

Streng geheim ...

Der Knochenkamm des *Corythosaurus* war vermutlich mit der Nase verbunden. So konnte er Laute machen wie ein Elefant.

Dino-Steckbrief

Lateinischer Name *Corythosaurus casuarius*

Bedeutung Korinthische Helmechse

Gruppe Ornithopoden

Ernährung Pflanzenfresser

Länge 10 Meter

Gewicht 4 Tonnen

Zeit vor 75 Mio. Jahren

Fundort ① Nordamerika

Ergebnisse meiner Recherche

starr abstehender Schwanz

Entdeckt im ...   Buch    TV/Film

CORYTHOSAURUS

Dieser Dinosaurier gehört zu den Entenschnabel- oder Hadrosauriern. Der Knochenkamm erinnert an die Helme von Soldaten aus dem antiken Griechenland. Daher erhielt er seinen Namen. Der *Corythosaurus* hatte starke Hinterbeine und ziemlich lange Vorderbeine. Er konnte sich auf allen Vieren fortbewegen und auf die Hinterbeine stellen. Forscher haben auch versteinerte Haut dieses Dinosauriers gefunden; sie fühlt sich eigenartig rau an.

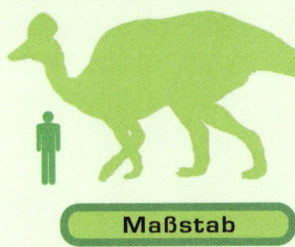

Maßstab

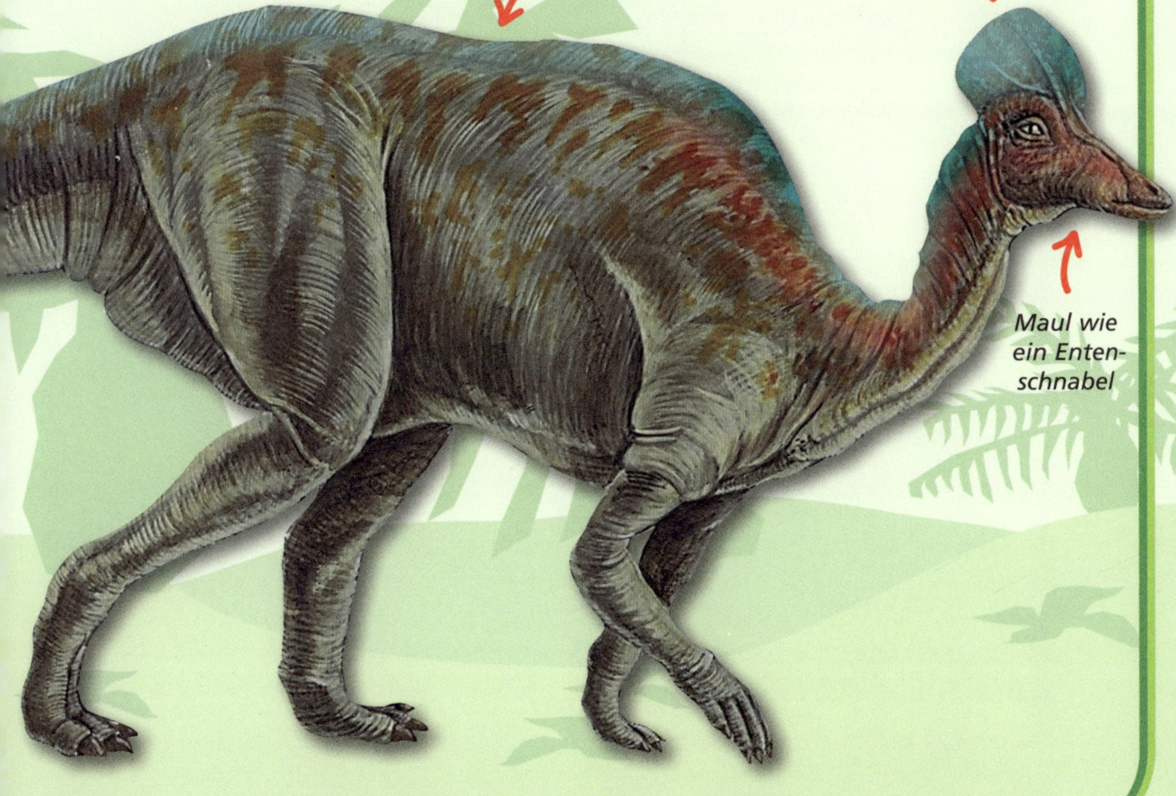
großer, massiger Rumpf
Knochenkamm
Maul wie ein Entenschnabel

Museum ○ Internet ○

Fundort

Dino-Steckbrief

Lateinischer Name *Deinonychus antirrhopus*

Bedeutung Schreckliche Kralle

Gruppe Theropoden

Ernährung Fleischfesser

Länge 3 Meter

Gewicht 50 Kilogramm

Zeit vor 120 Mio. Jahren

Fundort ① USA

Streng geheim ...

Der *Deinonychus* gehörte zu den intelligentesten Dinosauriern. Wahrscheinlich jagte er gezielt im Rudel.

Ergebnisse meiner Recherche

Entdeckt im ...   Buch ◯   TV/Film ◯

DEINONYCHUS

Der *Deinonychus* ist nach seiner furcht-
erregenden, sichelartigen Kralle an der
zweiten Zehe benannt. Der Saurier konnte
sie beim Laufen nach oben anwinkeln. So
berührte sie nicht den Boden und blieb
scharf. Mit seiner fürchterlichen Klaue holte
der *Deinonychus* blitzschnell aus, um Tiere
anzugreifen. Da Paläontologen viele Fossilien
an einer Stelle entdeckten, nehmen sie an,
dass dieser Dinosaurier im Rudel lebte und
jagte. Einige Wissenschaftler glauben, dass er
auch zu großen Sprüngen fähig war, um
seine Beute zu fangen.

Maßstab

kräftiger Kiefer mit
scharfen Zähnen

langer Schwanz

spitze Krallen,
um seine Beute
anzugreifen

riesige
Sichelkralle an
der zweiten Zehe

Fundorte

Streng geheim ...

Der *Dilophosaurus* wog ungefähr so viel wie die größte heutige Eisbärart und war genauso gefährlich.

Dino-Steckbrief

Lateinischer Name *Dilophosaurus wetherilli*

Bedeutung Doppelkamm-Echse

Gruppe Theropoden

Ernährung Fleischfresser

Länge 6 Meter

Gewicht 500 Kilogramm

Zeit vor 200 Mio. Jahren

Fundorte ① USA ② China

Ergebnisse meiner Recherche

Entdeckt im ...   Buch ◯   TV/Film ◯

DILOPHOSAURUS

Der *Dilophosaurus* **war einer der größten Raubsaurier in der frühen Jurazeit.** Er war ein schneller, wendiger Jäger mit scharfen, gebogenen Zähnen. Damit konnte er mühelos Beute wie die Jungtiere riesiger Pflanzenfresser fangen. Seinen Namen erhielt er wegen der zwei dicht nebeneinander liegenden, bogenförmigen Knochenkämme auf der Schnauze. Sie dienten vermutlich zum Anlocken eines Partners zur Paarung, oder einfach zur Unterscheidung zwischen Männchen und Weibchen.

Maßstab

Doppelkamm auf der Schnauze

lange, dünne Hinterbeine

Füße mit scharfen Krallen

Museum ○ Internet ○

Fundort

Dino-Steckbrief

Lateinischer Name *Edmontonia longiceps*

Bedeutung Echse aus Edmonton

Gruppe Ankylosaurier

Ernährung Pflanzenfresser

Länge 7 Meter

Gewicht 4 Tonnen

Zeit vor 75 Mio. Jahren

Fundort ① Nordamerika

Streng geheim ...

Der Körper des *Edmontonias* war von Kopf bis Schwanz (sogar auf den Augenlidern) mit einem Knochenpanzer geschützt.

Ergebnisse meiner Recherche

versteifter Schwanz

Entdeckt im ...   Buch ◯   TV/Film ◯

EDMONTONIA

Dieser schwere Dinosaurier trug eine **Rüstung aus Knochenplatten und Stacheln.** An seinem Schwanzende saß aber keine knöcherne Keule zur Verteidigung. Vermutlich wehrte sich der *Edmontonia* mit seinen scharfen Hals- und Schulterstacheln gegen feindliche Raubsaurier. In seinem schnabelähnlichen Maul hatte er viele kleine Zähne. Der *Edmontonia* zerkaute die Nahrung sehr gründlich und bewahrte sie wahrscheinlich in seinen Maultaschen auf. 1924 wurden in Kanada die ersten Fossilien entdeckt. Die Gesteinsschicht, in der die Überreste eingeschlossen waren, wird Edmonton-Formation genannt und gab diesem Dinosaurier seinen Namen.

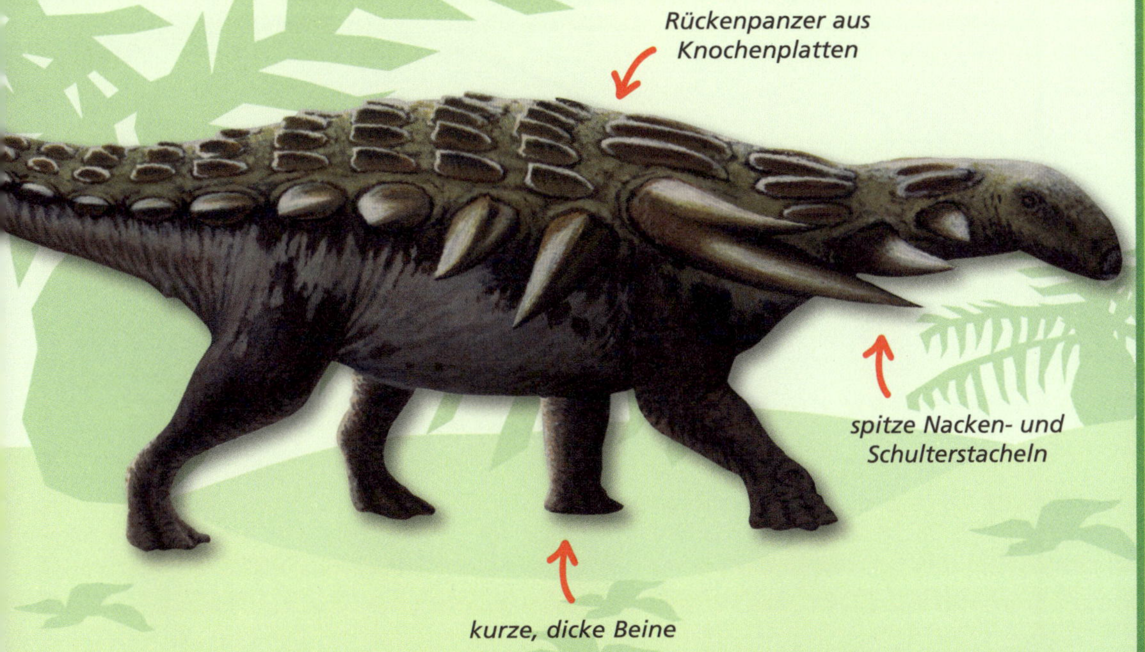

Maßstab

Rückenpanzer aus Knochenplatten

spitze Nacken- und Schulterstacheln

kurze, dicke Beine

Fundort

Dino-Steckbrief

Lateinischer Name *Eustreptospondylus oxoniensis*

Bedeutung Stark gebogene Wirbelsäule

Gruppe Theropoden

Ernährung Fleischfresser

Länge 7 Meter

Gewicht 250 Kilogramm

Zeit vor 160 Mio. Jahren

Fundort ① Großbritannien

Streng geheim ...

Bei der Entdeckung des *Eustreptospondylus*-Skeletts glaubte man zunächst, es seien Fossilien eines *Megalosaurus*.

Ergebnisse meiner Recherche

Entdeckt im ...   Buch   TV/Film

EUSTREPTOSPONDYLUS

In der mittleren Jurazeit durchstreifte dieser gefürchtete Fleischfresser die Gegend um die heutige Stadt Oxford in Südengland. Der *Eustreptospondylus* war viel größer als Raubkatzen und konnte sich auf starken Hinterbeinen schnell fortbewegen. Dabei berührten nur drei seiner vier Zehen den Boden. Das große Maul war mit vielen sägeblattartigen Zähnen ausgestattet. Der *Eustreptospondylus* jagte vermutlich Stegosaurier und andere Sauropoden, die in derselben Region lebten.

Maßstab

großer Kopf mit langem Kiefer und scharfen Zähnen

kräftiger Körperbau

kurze Vordergliedmaßen mit drei Zehen

starke Hinterbeine für schnelle Bewegungen

Museum ○ Internet ○

Fundort

Dino-Steckbrief

Lateinischer Name *Giganotosaurus carolinii*

Bedeutung Gigantische Südliche Echse

Gruppe Theropoden

Ernährung Fleischfresser

Länge 14 Meter

Gewicht 8 Tonnen

Zeit vor 100 Mio. Jahren

Fundort ① Südamerika

Streng geheim ...

Der Schädel des *Giganotosaurus* war mit einer Länge von 1,80 Metern so groß wie ein erwachsener Mensch.

Ergebnisse meiner Recherche

Entdeckt im ... Buch ○ TV/Film ○

GIGANOTOSAURUS

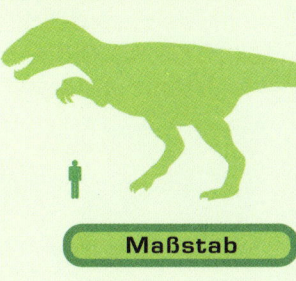

Fast 100 Jahre lang hielt der *Tyrannosaurus* den Rekord des größten Fleischfressers, der jemals auf der Erde gelebt hat. Das änderte sich 1994, als Paläontologen die Fossilien eines noch größeren Raubsauriers in Patagonien, Argentinien, ausgruben. Der *Giganotosaurus* war riesenhaft, seine Zähne waren über 20 Zentimeter lang. Zu seiner Beute gehörten große, kräftige Sauropoden.

Maßstab

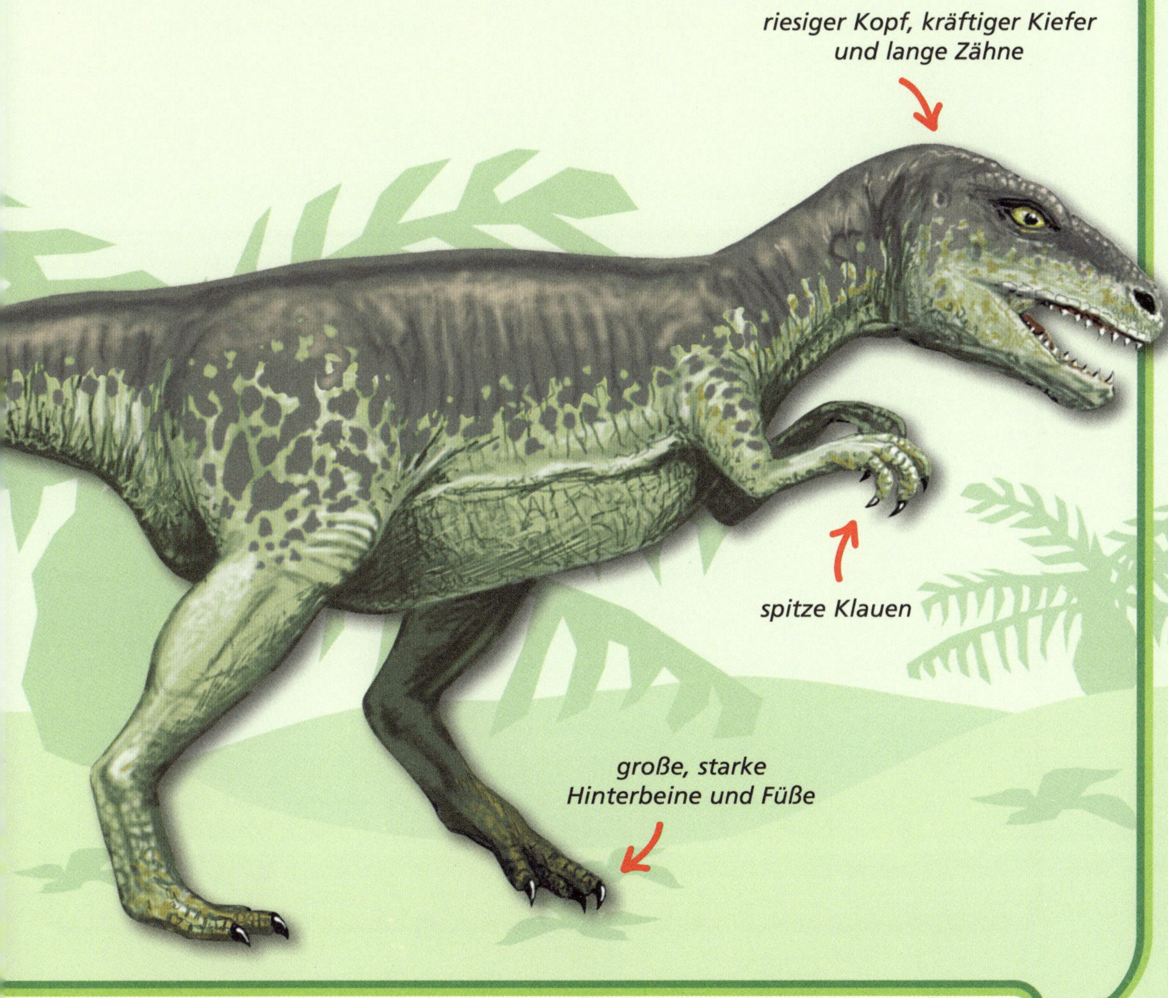
riesiger Kopf, kräftiger Kiefer und lange Zähne
spitze Klauen
große, starke Hinterbeine und Füße

Museum ○ Internet ○

Fundort

Dino-Steckbrief

Lateinischer Name *Herrerasaurus ischigualastensis*

Bedeutung Herreras Echse

Gruppe Theropoden

Ernährung Fleischfresser

Länge 4 Meter

Gewicht 100 Kilogramm

Zeit vor 225 Mio. Jahren

Fundort ① Argentinien

Streng geheim ...

Der flinke *Herrerasaurus* war wahrscheinlich der älteste bisher entdeckte fleisch-fressende Dinosaurier.

Ergebnisse meiner Recherche

langer Schwanz, um das Gleichgewicht zu halten

Entdeckt im ...   Buch   TV/Film

HERRERASAURUS

Der *Herrerasaurus* **wurde nach dem Entdecker seiner Fossilien benannt: dem argentinischen Bauern Victorino Herrera.** Er fand 1958 die ersten Fossilien. Der furchterregende Jäger gehört zu einer Reihe von sehr alten Dinosauriern aus der mittleren und späten Triaszeit. Der *Herrerasaurus* besaß einen langen, schmalen Kiefer mit scharfen, nach hinten gebogenen Zähnen. Mit seinen muskulösen Hinterbeinen konnte er sich schnell fortbewegen. Er lebte von kleinen Lebewesen wie Insekten, Eidechsen und anderen Reptilien, die er mit seinen Greifhänden festhielt.

Maßstab

ausgeprägter Kiefer mit Reißzähnen

Vorderbeine ohne Krallen

kräftige, lange Hinterbeine, um schnell zu laufen

Museum ◯   Internet ◯

Fundorte

Dino-Steckbrief

Lateinischer Name *Hypsilophodon foxii*

Bedeutung Zahn mit hohem Kamm

Gruppe Ornithopoden

Ernährung Pflanzenfresser

Länge 2,5 Meter

Gewicht 25 Kilogramm

Zeit vor 125 Mio. Jahren

Fundorte ① Nordamerika ② Europa

Streng geheim ...

Früher meinten Forscher, der *Hypsilophodon* habe auf Bäumen gelebt. Heute weiß man, dass das nicht stimmt.

Ergebnisse meiner Recherche

Entdeckt im ...   Buch ⭘   TV/Film ⭘

HYPSILOPHODON

Dieser kleine, schnelle Pflanzenfresser war vermutlich ein Herdentier wie die **Antilopen unserer Zeit.** Der *Hypsilophodon* hatte einen langen, abstehenden Schwanz, um das Gleichgewicht zu halten. Mit seinen kräftigen Klauen scharrte und grub er in der Erde nach Futter wie Samen und Wurzeln. Der Fund mehrerer *Hypsilophodon*-Fossilien an einem Ort ist möglicherweise ein Anzeichen dafür, dass eine ganze Herde dieser Tiere durch eine Flut oder beim Überqueren eines Flusses ums Leben gekommen ist.

Maßstab

kleiner Kopf mit Entenschnabel

lange, dünne Hinterbeine

Die Vorderfüße mit den scharfen Krallen eigneten sich optimal, um in der Erde nach Nahrung zu graben.

Museum ◯ Internet ◯

Fundorte

Streng geheim ...

Wissenschaftler glaubten früher, der Daumenstachel des *Iguanodon* habe sich auf der Schnauze befunden.

Dino-Steckbrief

Lateinischer Name *Iguanodon anglicusi*

Bedeutung Leguanzahn

Gruppe Ornithopoden

Ernährung Pflanzenfresser

Länge 10 Meter

Gewicht 4 bis 5 Tonnen

Zeit vor 110 Mio. Jahren

Fundorte ① Nordamerika ② Europa ③ Afrika

Ergebnisse meiner Recherche

Entdeckt im ... Buch   TV/Film

IGUANODON

Maßstab

Der *Iguanodon* ist einer der am besten
erforschten Dinosaurier, denn von ihm
gibt es sehr viele Fossilien. In einem Kohle-
bergwerk in Belgien entdeckten Forscher
rund 40 vollständige, aber durcheinander
liegende Skelette. Sie vermuteten, dass eine
ganze Herde bei dem Versuch starb, auf die
andere Seite eines Flussufers zu gelangen.
An jedem „Daumen" des *Iguanodon* saß ein
scharfer Hornstachel, mit dem er sich ver-
teidigen konnte. Diese Dinosaurierart wog
ungefähr so viel wie ein Afrikanischer Elefant.

großer, massiger Rumpf

schnabelähnliches
Maul

kräftige
Hinterbeine

Der Daumenstachel diente zur
Verteidigung, die „Finger" zum
Greifen von Nahrung.

Fundort

Dino-Steckbrief

Lateinischer Name *Janenschia robusta*

Bedeutung Nach Janensch benannt

Gruppe Sauropoden

Ernährung Pflanzenfresser

Länge 20 Meter

Gewicht 25 Tonnen

Zeit vor 156 Mio. Jahren

Fundort ① Afrika

Streng geheim ...

Der *Janenschia* hatte möglicherweise einen schützenden Panzer aus Knochenplatten.

Ergebnisse meiner Recherche

Entdeckt im ...   Buch   TV/Film

JANENSCHIA

Maßstab

Dieser riesige Pflanzenfresser wurde nach dem deutschen Paläontologen Werner Janensch benannt, der die Fossilien entdeckt hatte. Der *Janenschia* lief auf vier säulenartigen Beinen. An den Hintergliedmaßen befanden sich vermutlich Krallen. Wie viele andere große Pflanzenfresser hatte auch der *Janenschia* ein sehr leistungsstarkes Herz. Bisher fanden Forscher nur ein paar Beinknochen dieses Sauriers. Ein Oberschenkelknochen war unglaubliche 1,4 Meter lang.

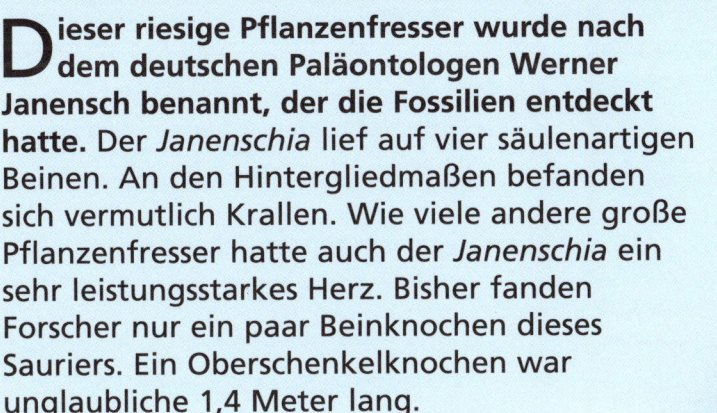

winziger Kopf

enorm langer Hals, um die höchsten Baumkronen zu erreichen

riesige, pfeilerartige Beine

Museum ○ Internet ○

Fundort

Streng geheim ...

In der Sahara gab es noch Wälder und Seen, als der *Jobaria* vor etwa 135 Millionen Jahren dort lebte.

Dino-Steckbrief

Lateinischer Name *Jobaria tiguidensis*

Bedeutung Nach Jobar benannt

Gruppe Sauropoden

Ernährung Pflanzenfresser

Länge 21 Meter

Gewicht 20 Tonnen

Zeit vor 135 Mio. Jahren

Fundort ① Afrika

Ergebnisse meiner Recherche

Entdeckt im ...   **Buch**   **TV/Film**

KENTROSAURUS

Der *Kentrosaurus* schützte sich wie andere Stegosaurier durch lange Stacheln und Knochenplatten. Er hatte ein schnabelförmiges Maul, mit dem er niedrig wachsende Pflanzen ausrupfte. Außerdem besaß er einen winzigen Kopf mit einem sehr kleinen Gehirn. Der *Kentrosaurus* konnte sich nur langsam fortbewegen.

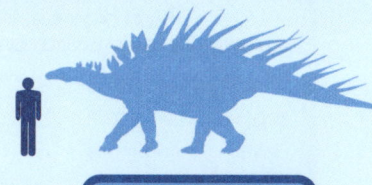

Maßstab

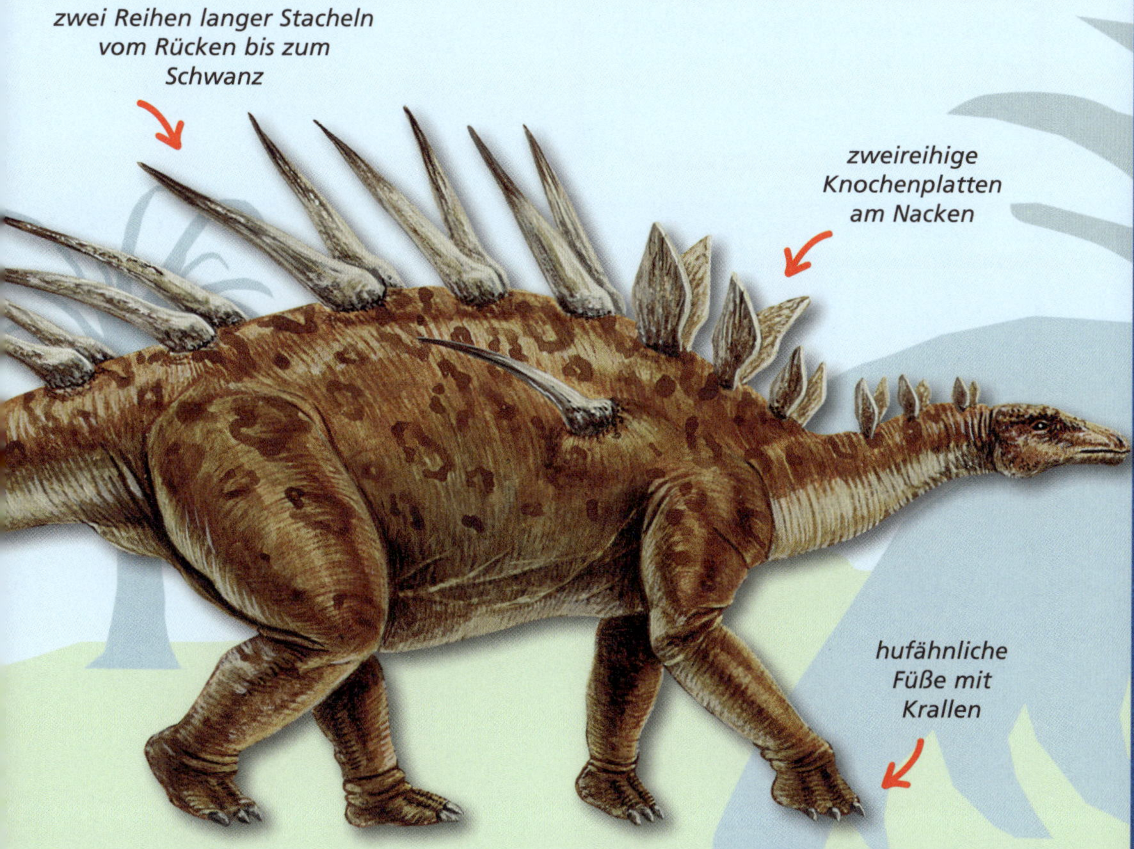

zwei Reihen langer Stacheln vom Rücken bis zum Schwanz
zweireihige Knochenplatten am Nacken
hufähnliche Füße mit Krallen

Museum ○ Internet ○

Fundorte

Dino-Steckbrief

Lateinischer Name *Lambeosaurus lambei*

Bedeutung Lambes Echse

Gruppe Ornithopoden

Ernährung Pflanzenfresser

Länge 15 Meter

Gewicht 5 Tonnen

Zeit vor 77 Mio. Jahren

Fundorte ① Kanada ② Mexiko

Streng geheim ...

Der *Lambeosaurus* war schwerer als ein Elefant, konnte aber mehrere Stunden langsam rennen.

Ergebnisse meiner Recherche

Entdeckt im ...   Buch   ◯   TV/Film   ◯

LAMBEOSAURUS

Der Lambeosaurus hatte ein breites, flaches, zahnloses Maul und war der größte Entenschnabel-Dinosaurier. Er fraß Pflanzen, die er mit seinen scharfen Backenzähnen zerkaute. Der beilförmige, nach oben stehende hohle Schädelkamm war das auffälligste Merkmal des *Lambeosaurus*. Er zierte womöglich nur den Kopf der Männchen. Forscher glauben, dass mit dem Kamm Laute erzeugt werden konnten, um Weibchen anzulocken. Diese Dinosaurierart wurde nach dem kanadischen Paläontologen Lawrence Lambe benannt.

Maßstab

versteifter Schwanz fürs Gleichgewicht

großer, tonnenartiger Rumpf mit rauer Haut

Hohlkamm über den Augen

kräftige Hinterbeine

schnabelförmiges Maul mit Hunderten von Zähnen

FRÜHE KREIDE VOR 144–98 MIO. JAHREN

Fundort

Streng geheim ...

In Australien war es damals viel kälter, sodass der *Leaellynasaura* vermutlich Winterschlaf hielt.

Dino-Steckbrief

Lateinischer Name *Leaellynasaura amicagraphica*

Bedeutung Leaellyns Echse

Gruppe Ornithopoden

Ernährung Pflanzenfresser

Länge 2 Meter

Gewicht 10 Kilogramm

Zeit vor 120 Mio. Jahren

Fundort ① Australien

Ergebnisse meiner Recherche

Entdeckt im ...　　　Buch ◯　　　TV/Film ◯

LEAELLYNASAURA

Dieser kleine Pflanzenfresser wurde nach der kleinen Tochter seines Entdeckers benannt, **Lea Ellyn.** Die Fossilien stammen von der Ausgrabungsstelle „Dinosaur Cove" an der Felsküste bei Melbourne in Australien. Der *Leaellynasaura* besaß tiefe Augenhöhlen, und da an derselben Fundstelle auch Pflanzenfossilien entdeckt wurden, nimmt man an, dass er im tiefen Wald lebte und große Augen brauchte, um auch in dämmrigem Licht sehen zu können. Mit seinem schnabelförmigen Maul nahm er verschiedene Farne und Blütenpflanzen auf, die sich damals über die ganze Welt verbreiteten.

Maßstab

kräftiger Kiefer und schnabelförmiges Maul

lange Hinterbeine zur schnellen Fortbewegung

scharfe Krallen

SPÄTE KREIDE VOR 98–65 MIO. JAHREN

Fundort

Streng geheim ...

Der *Maiasaura* war der erste Dinosaurier im All. 1985 schickte man einen Knochen und eine Eierschale in den Weltraum.

Dino-Steckbrief

Lateinischer Name *Maiasaura peeblesorum*

Bedeutung Gute-Mutter-Echse

Gruppe Ornithopoden

Ernährung Pflanzenfresser

Länge 9 Meter

Gewicht 3 bis 4 Tonnen

Zeit vor 80 Mio. Jahren

Fundort ① Nordamerika

Ergebnisse meiner Recherche

Entdeckt im ...   Buch   TV/Film

MAIASAURA

Dieser große Pflanzenfresser gehörte zur Gruppe der Entenschnabel-Dinosaurier. In den 1970er-Jahren entdeckten Forscher in Montana, USA, eine große Ansammlung von Nestern und Skeletten unterschiedlicher Altersgruppen. *Maiasaurier* brüteten wahrscheinlich wie Vögel in Kolonien und legten ihre Eier in Erdgruben ab. In den Nestern fand man Überreste von Jungtieren: Ihre Zähne waren abgenutzt, aber die Beinknochen noch nicht voll ausgebildet. Wahrscheinlich brachte das Muttertier den Nesthockern die Nahrung.

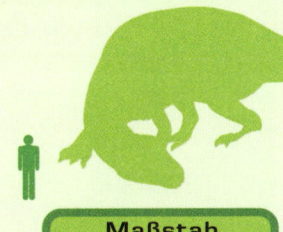

Maßstab

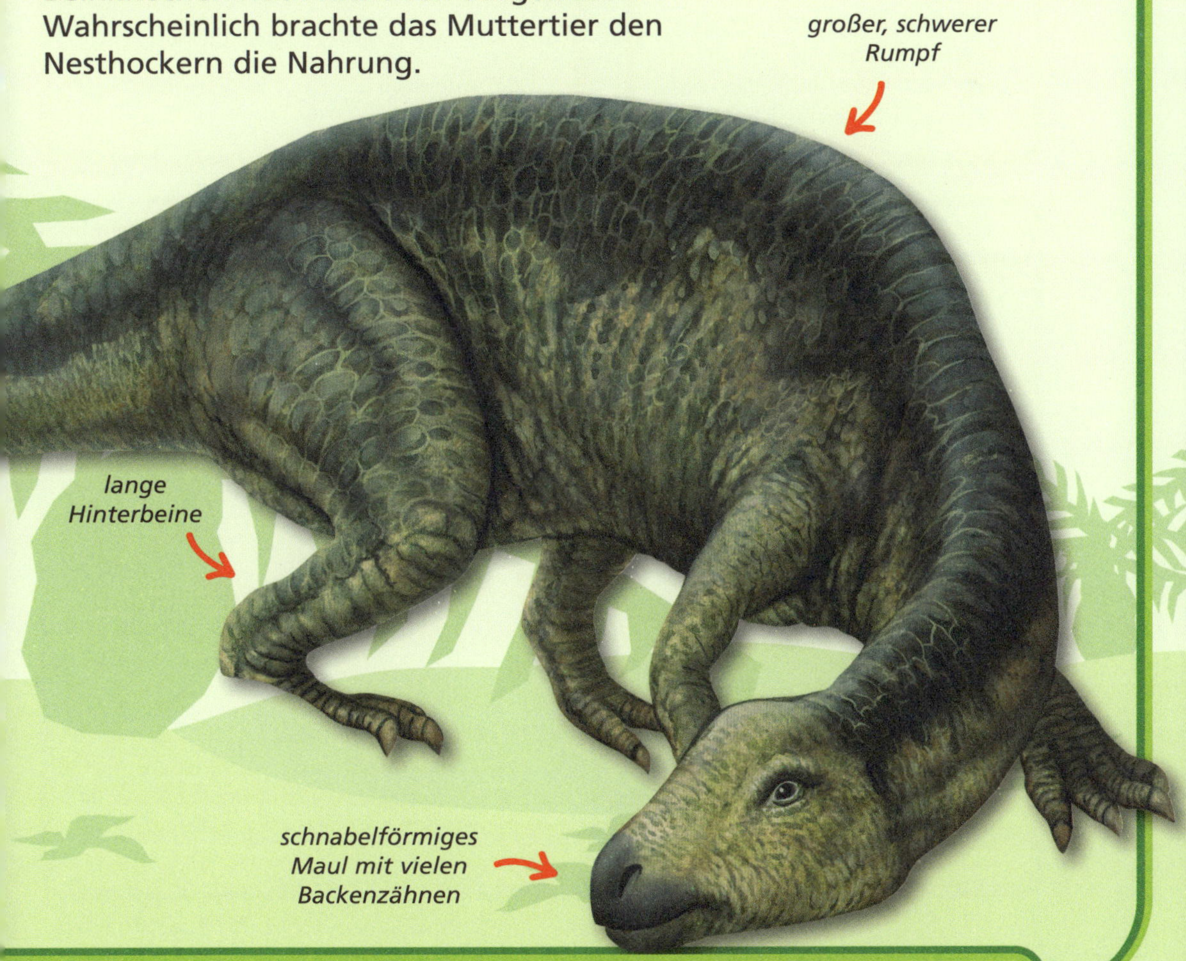
großer, schwerer Rumpf
lange Hinterbeine
schnabelförmiges Maul mit vielen Backenzähnen

Museum ○ Internet ○

Fundort

Dino-Steckbrief

Lateinischer Name *Megalosaurus bucklandii*

Bedeutung Riesenechse

Gruppe Theropoden

Ernährung Fleischfresser

Länge 9 Meter

Gewicht 1 Tonne

Zeit vor 160 Mio. Jahren

Fundort ① Großbritannien

Streng geheim ...

Früher dachten Forscher, der *Megalosaurus* sei auf vier Beinen gelaufen. Heute weiß man, dass er nur auf zwei Beinen lief.

Ergebnisse meiner Recherche

Entdeckt im ...　　　Buch　◯　　　TV/Film　◯

MEGALOSAURUS

Maßstab

Dieser große Raubsaurier hatte einen riesigen Schädel und kurze Vorderbeine. Er konnte über kurze Strecken sehr schnell laufen, wobei er seinen langen, versteiften Schwanz über dem Boden hielt. Die Zähne waren gekrümmt und wie ein Sägeblatt gezackt. Die kräftigen Füße und Vordergliedmaßen trugen scharfe Krallen. Als der *Megalosaurus* 1822 entdeckt wurde, gab es den Begriff Dinosaurier noch nicht. Erst 1841 bezeichneten Wissenschaftler damit diese neue Gruppe urzeitlicher Reptilien.

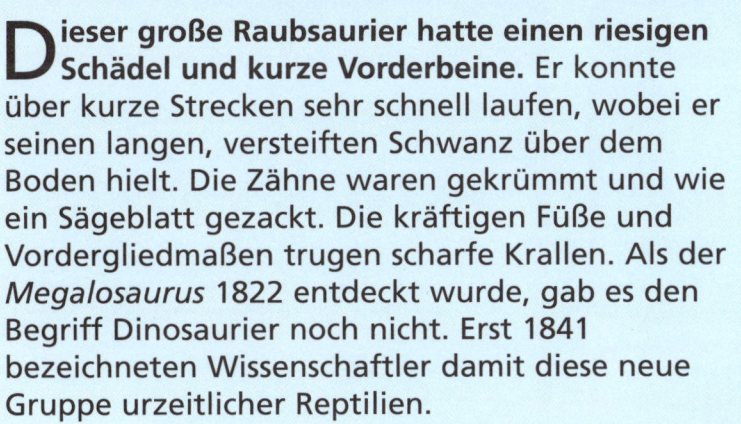

kräftiger Körperbau

stark ausgeprägter Kiefer mit langen, sägeblattartigen Zähnen

Vorderbeine mit Klauen

lange, starke Hinterbeine für schnelle Bewegungen

Fundort

Streng geheim ...

Der *Muttaburrasaurus* setzte die Stacheln der Vordergliedmaßen ein, um Feinde zu töten oder Nahrung aufzuspießen.

Dino-Steckbrief

Lateinischer Name *Muttaburrasaurus langdoni*

Bedeutung Echse aus Muttaburra

Gruppe Ornithopoden

Ernährung Pflanzenfresser

Länge 7 Meter

Gewicht 3 Tonnen

Zeit vor 110 Mio. Jahren

Fundort ① Australien

Ergebnisse meiner Recherche

langer Schwanz

Entdeckt im ...   Buch   TV/Film

MUTTABURRASAURUS

Der *Muttaburrasaurus* war vom Körperbau her verwandt mit dem *Iguanodon*. Auf seinem zahnlosen Maul saß eine Knochenwulst, die von den Nasen-löchern bis zu den Augen reichte. Sie diente vermutlich dazu, Lockrufe zu erzeugen. Der Pflanzenfresser konnte auf zwei oder vier Beinen laufen. Der *Muttaburrasaurus* besaß wie der *Iguanadon* große Stacheln als „Daumen". 1981 fanden Pälaontologen im australischen Queensland die ersten Fossilien dieses Dinosauriers.

Maßstab

Knochenhöcker auf der Schnauze

lange, kräftige Hinterbeine

Klauen mit Daumenstachel

Museum ◯ Internet ◯

Fundort

Dino-Steckbrief

Lateinischer Name *Ornitholestes hermanni*

Bedeutung Vogelräuber

Gruppe Theropoden

Ernährung Fleischfresser

Länge 2 Meter

Gewicht 15 Kilogramm

Zeit vor 144 Mio. Jahren

Fundort ① USA

Streng geheim ...

Der *Ornitholestes* hatte ungewöhnlich lange Finger. Mit ihnen konnte er leicht Baby-Dinosaurier erbeuten.

Ergebnisse meiner Recherche

Entdeckt im ...   Buch ◯   TV/Film ◯

ORNITHOLESTES

Forscher nahmen früher an, der *Ornitho- lestes* habe Ur-Vögel wie *Archaeopteryx* **gefressen.** So entstand der Name dieses leichtgewichtigen Fleischfressers. Heute zweifelt man daran, da Fossilien dieser beiden Dinosaurierarten aus der späten Jurazeit tausende Kilometer voneinander entfernt ausgegraben wurden. Die langen, kräftigen Klauen an den Vordergliedmaßen des *Ornitholestes* ähnelten gekrümmten Dolchen. Sie eigneten sich bestens für kleine Beute. Mit seinen dünnen, aber kräftigen Hinterbeinen war dieser Dinosaurier schnell und wendig. Es ist noch wenig über den *Ornitholestes* bekannt, da Paläontologen bis heute nur ein Skelett entdeckt haben.

Maßstab

Höcker über den Nasenlöchern

leichter Körperbau

langer Schwanz

lange Hinterbeine

auffällig lange, spitze Kralle

Fundort

Streng geheim ...

Der *Ornithomimus* konnte bis zu 70 Stundenkilometer laufen und war damit so schnell wie ein Vogel Strauß.

Dino-Steckbrief

Lateinischer Name *Ornithomimus velox*

Bedeutung Vogelnachahmer

Gruppe Theropoden

Ernährung Allesfresser

Länge 4 Meter

Gewicht 150 Kilogramm

Zeit vor 77 Mio. Jahren

Fundort ① Nordamerika

Ergebnisse meiner Recherche

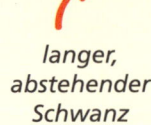

langer, abstehender Schwanz

Entdeckt im ...   Buch ○   TV/Film ○

ORNITHOMIMUS

Wissenschaftler glauben, dass sich der *Ornithomimus* von Pflanzen und kleinen Tieren ernährte. Sein Schnabel bestand aus einem festen, hornartigen Material, das dem menschlicher Fingernägel ähnelte. Damit konnte er zum Beispiel Samen, Würmer oder Käfer aufpicken. Für größere Beute war der vogelähnliche Kopf vermutlich zu klein. Mit den Krallen an seinen Vorderbeinen hielt er die Nahrung fest. Der Schwanz machte etwa die Hälfte seiner Körperlänge aus. Der *Ornithomimus* war sehr schnell und wendig und konnte vielen Raubsauriern entkommen.

Maßstab

Schnabel

langer Hals

kurze Vorderbeine mit Krallen

kräftige, lange Hinterbeine

Museum ○ Internet ○

Fundort

Dino-Steckbrief

Lateinischer Name *Oviraptor philoceratops*

Bedeutung Eierdieb

Gruppe Theropoden

Ernährung Allesfresser

Länge 2 Meter

Gewicht 30 Kilogramm

Zeit vor 83 Mio. Jahren

Fundort ① Asien

Streng geheim ...

Im Maul des *Oviraptors* saßen zwei Knochenzacken, mit denen er wahrscheinlich erbeutete Eier aufknackte.

Ergebnisse meiner Recherche

Entdeckt im ...　　　Buch ◯　　　TV/Film ◯

OVIRAPTOR

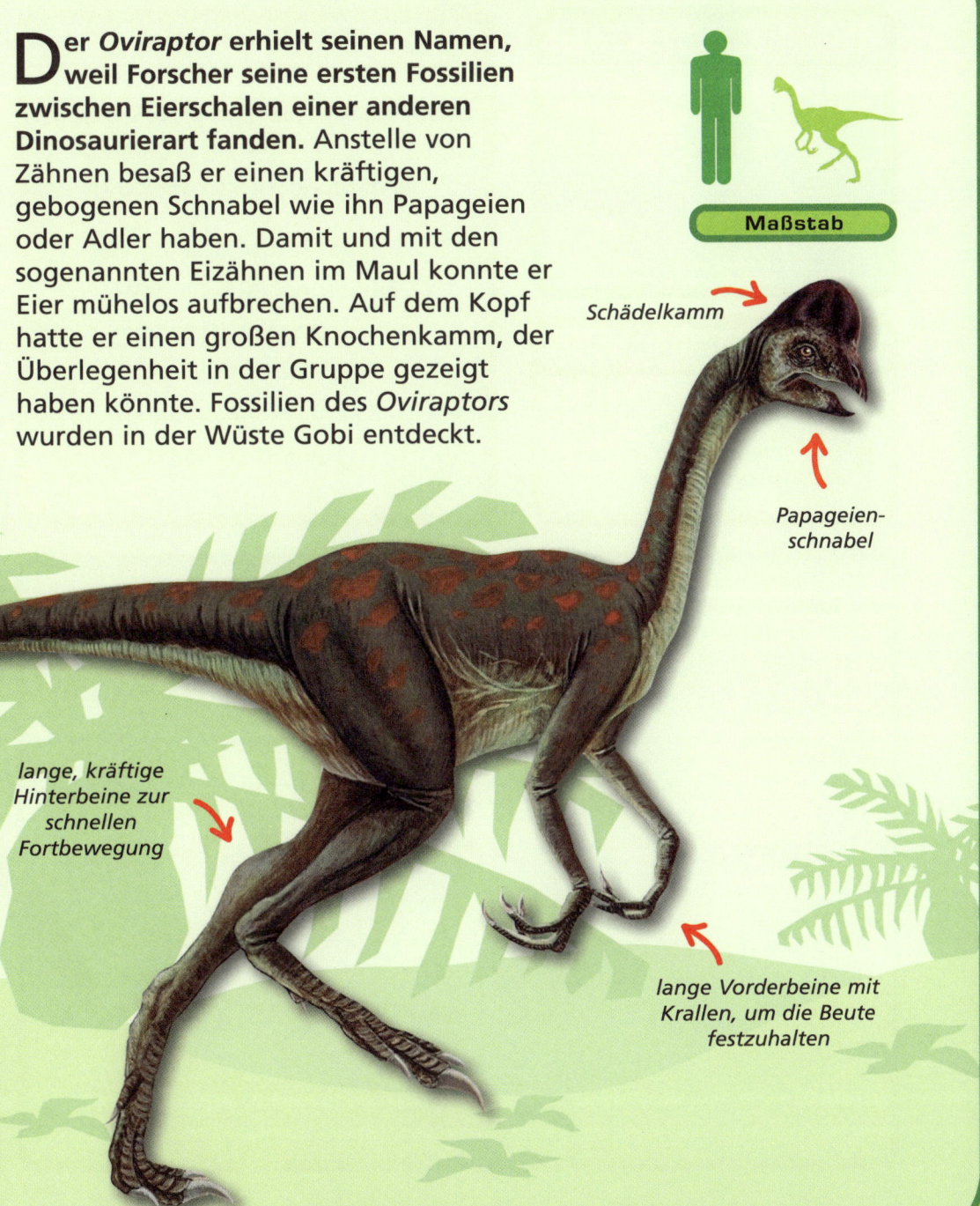

Der *Oviraptor* erhielt seinen Namen, weil Forscher seine ersten Fossilien zwischen Eierschalen einer anderen Dinosaurierart fanden. Anstelle von Zähnen besaß er einen kräftigen, gebogenen Schnabel wie ihn Papageien oder Adler haben. Damit und mit den sogenannten Eizähnen im Maul konnte er Eier mühelos aufbrechen. Auf dem Kopf hatte er einen großen Knochenkamm, der Überlegenheit in der Gruppe gezeigt haben könnte. Fossilien des *Oviraptors* wurden in der Wüste Gobi entdeckt.

Maßstab

Schädelkamm

Papageien-schnabel

lange, kräftige Hinterbeine zur schnellen Fortbewegung

lange Vorderbeine mit Krallen, um die Beute festzuhalten

Fundort

Streng geheim ...

Der *Pachycephalosaurus* hatte an jeder „Hand" fünf Finger. Es war ein übrig gebliebenes Merkmal aus früherer Zeit.

Dino-Steckbrief

Lateinischer Name *Pachycephalosaurus wyomingensis*

Bedeutung Dickschädelechse

Gruppe Pachycephalosaurier

Ernährung Pflanzenfresser

Länge 8 Meter

Gewicht 1 Tonne

Zeit vor 76 Mio. Jahren

Fundort ① USA

Ergebnisse meiner Recherche

Entdeckt im ...   Buch   TV/Film

PACHYCEPHALOSAURUS

Dieser ungewöhnlich aussehende **Dinosaurier gehörte zur Gruppe der „Dickschädelechsen".** Eine dicke, helmartige Kuppe aus Knochen bedeckte den Kopf des *Pachycephalosaurus*. Sie schützte ihn in möglichen Kämpfen mit Artgenossen, bei denen sie mit aller Kraft ihre Köpfe zusammenstießen. Heute glauben Wissenschaftler allerdings, dass die Schädel dem Zusammenprall auf Dauer nicht standgehalten hätten. Stattdessen vermuten sie, dass der *Pachycephalosaurus* damit andere Körperteile seiner Artgenossen oder Feinde rammte.

Maßstab

dicke, knochige Schädelkuppe

langer Schwanz, um das Gleichgewicht zu halten

kräftige Hinterbeine

Vordergliedmaßen mit fünf Fingern

Fundort

Dino-Steckbrief

Lateinischer Name *Parasaurolophus walkeri*

Bedeutung Fast eine Kammechse

Gruppe Ornithopoden

Ernährung Pflanzenfresser

Länge 12 Meter

Gewicht 3 Tonnen

Zeit vor 75 Mio. Jahren

Fundort ① Nordamerika

Streng geheim ...

Die Entdecker des *Parasaurolophus* dachten, der längliche Schädelkamm sei ein gigantischer Rüssel.

Ergebnisse meiner Recherche

Entdeckt im ...   Buch    TV/Film

PARASAUROLOPHUS

Der *Parasaurolophus* hatte von allen Entenschnabel-Dinosauriern den längsten Schädelkamm. Dieser außergewöhnliche Kopfschmuck stand fast zwei Meter schräg nach hinten ab und wird auch als Knochenzapfen bezeichnet. Zwei Röhren verliefen von den Nasenlöchern zum Ende des Kamms und von dort über den Schädel in die Lungen. Der *Parasaurolophus* konnte vermutlich Luft durch den Kamm blasen, um einen tiefen, dumpfen Laut wie von einer Posaune zu erzeugen.

Maßstab

hohler Schädelkamm

schnabelähnliches Maul

schwerer Körperbau und raue Haut

Fundort

Dino-Steckbrief

Lateinischer Name *Plateosaurus engelhardti*

Bedeutung Flache Echse

Gruppe Prosauropoden

Ernährung Pflanzenfresser

Länge 8 Meter

Gewicht 1 Tonne

Zeit vor 210 Mio. Jahren

Fundort ① Europa

Streng geheim ...

Der *Plateosaurus* hatte große Daumenklauen, mit denen er Feinde verwunden oder Futter festhalten konnte.

Ergebnisse meiner Recherche

langer, kräftiger Schwanz

Entdeckt im ...   Buch   ○   TV/Film   ○

PLATEOSAURUS

Der *Plateosaurus* **war einer der ersten großen Dinosaurier.** Das beweisen viele Skelette, die in Deutschland, Frankreich und der Schweiz freigelegt wurden. Das kräftige Becken, der längliche Rumpf und der schwere Schwanz lassen vermuten, dass er sich auf die Hinterbeine stellen konnte und den Schwanz als Stütze nutzte. Das ermöglichte es ihm, an bis zu fünf Meter hohe Baumfarne und andere Pflanzenarten zu gelangen.

Maßstab

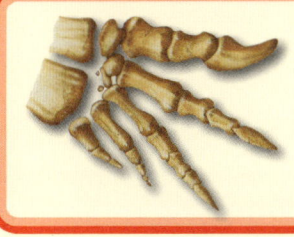

Der Plateosaurus konnte mit seinen beweglichen „Fingern" Zweige greifen und herunterziehen.

langer, biegsamer Hals

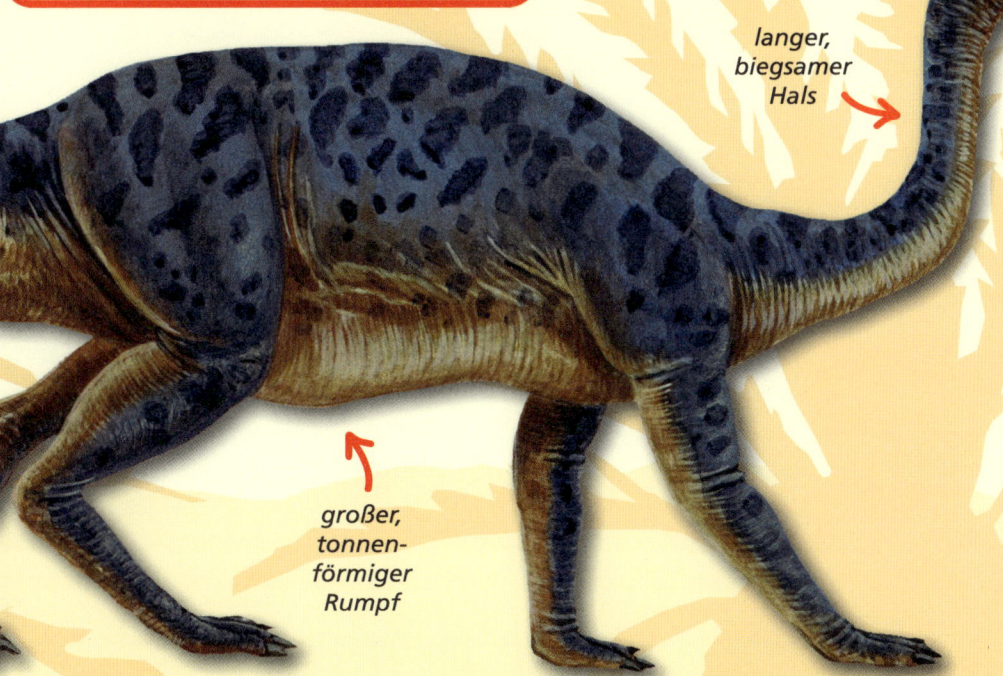

großer, tonnenförmiger Rumpf

Fundorte

Dino-Steckbrief

Lateinischer Name *Polacanthus foxii*

Bedeutung Viel-Stachler

Gruppe Ankylosaurier

Ernährung Pflanzenfresser

Länge 5 Meter

Gewicht 1 Tonne

Zeit vor 125 Mio. Jahren

Fundorte ① Großbritannien
② Europäisches Festland

Streng geheim ...

Die ersten Fossilien des
Polacanthus wurden in einer
Felswand auf der britischen
Insel Isle of Wight gefunden.

Ergebnisse meiner Recherche

Entdeckt im ...   Buch ◯   TV/Film ◯

PROCOMPSOGNATHUS

Der *Procompsognathus* **war ein leichtge- wichtiger und wendiger Fleischfresser.** Seine Zähne eigneten sich dazu, lebende Beute wie frisch geschlüpfte Dinosaurier zu jagen. Der versteifte Schwanz nahm fast die Hälfte seiner Gesamtlänge ein. Dieser Saurier lebte früher als der kleinere *Compsognathus*, darum die Silbe „Pro-", das bedeutet „Vor-". Beide Dinosaurierarten hatten einen ähnlichen Körperbau. Trotzdem bedeutet es nicht, dass der *Compsognathus* ein direkter Nachfahre war, denn es trennen sie mehr als 60 Millionen Jahre.

langer, versteifter Schwanz

leichter Körperbau

kleiner, schmaler Kopf mit scharfen Zähnen

scharfe Klauen

Fundort

Streng geheim ...

Fossilien eines *Protoceratops* und eines *Velociraptors* wurden nebeneinander gefunden. Sie waren im Kampf gestorben.

Dino-Steckbrief

Lateinischer Name *Protoceratops andrewsi*

Bedeutung Erstes Horngesicht

Gruppe Ceratopsier

Ernährung Pflanzenfresser

Länge 2 Meter

Gewicht 220 Kilogramm

Zeit vor 82 Mio. Jahren

Fundort ① Asien

Ergebnisse meiner Recherche

Entdeckt im ...   Buch    TV/Film

PSITTACOSAURUS

Der pflanzenfressende *Psittacosaurus* mit papageischnabelartigem Maul war ein früher Vertreter der *Ceratopsier*. Ihm fehlte das später aufkommende Nasenhorn und der Nackenschild. 2004 machten Paläontologen in China einen erstaunlichen Fund: Sie legten Fossilien eines ausgewachsenen *Psittacosaurus* frei, umgeben von den Skeletten seiner über 30 Jungen. Vermutlich kümmerte sich das Muttertier gerade um den Nachwuchs, als alle bei einer plötzlichen Katastrophe starben.

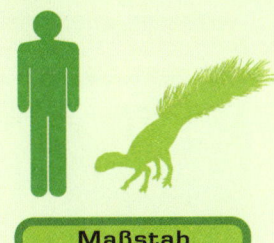

Maßstab

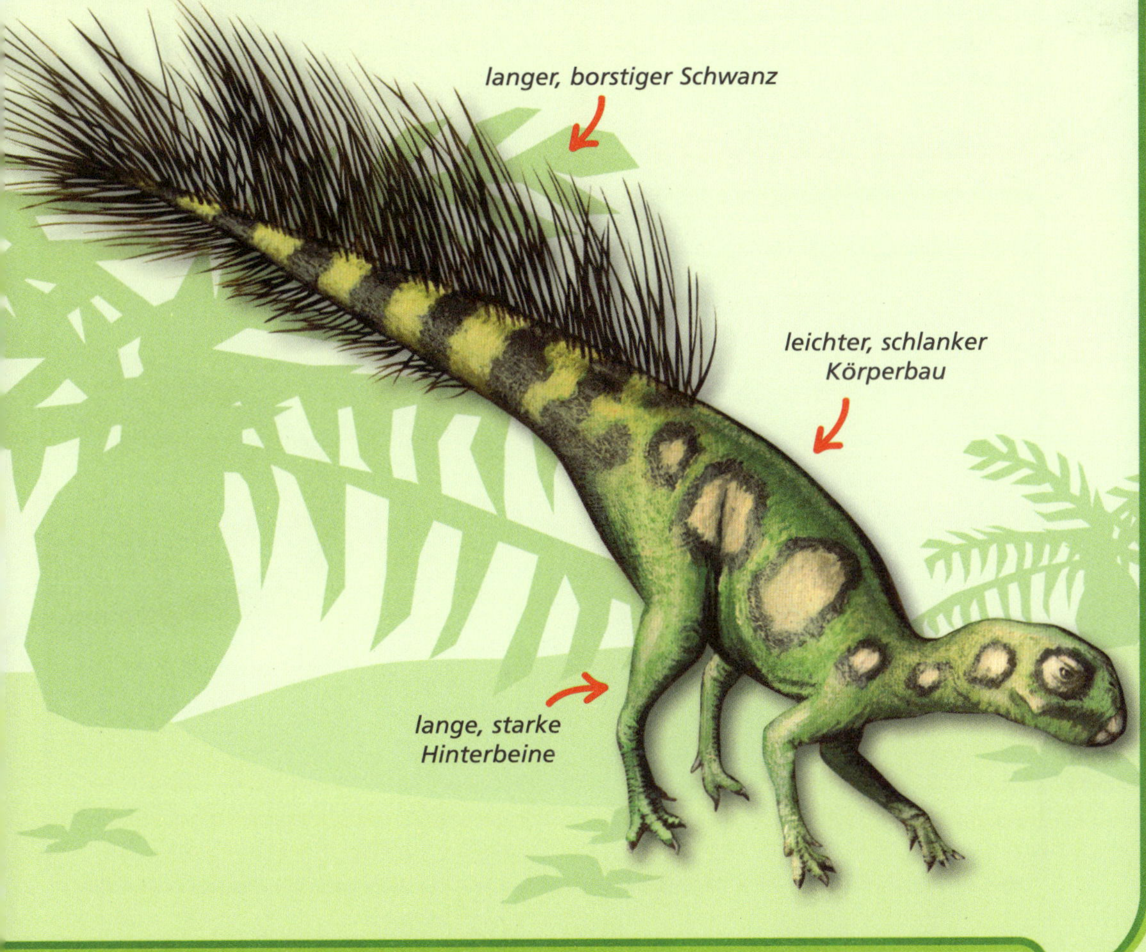
langer, borstiger Schwanz
leichter, schlanker Körperbau
lange, starke Hinterbeine

Museum ○ Internet ○

Fundort

Dino-Steckbrief

Lateinischer Name *Riojasaurus incertis*

Bedeutung Rioja-Echse

Gruppe Prosauropoden

Ernährung Pflanzenfresser

Länge 10 Meter

Gewicht 1 Tonne

Zeit vor 215 Mio. Jahren

Fundort ① Südamerika

Streng geheim ...

Der *Riojasaurus* zerkaute sein Futter nicht. Er schluckte Steine, die halfen, die Pflanzen in seinem Magen zu zermahlen.

Ergebnisse meiner Recherche

langer Schwanz

Entdeckt im ...   Buch ◯   TV/Film ◯

RIOJASAURUS

Der *Riojasaurier* **gehörte zu den ersten Riesendinosauriern.** Das Alter der Fossilien wird auf etwa 215 Millionen Jahre geschätzt. Wissenschaftler entdeckten Überreste erstmals in den 1920er-Jahren in der argentinischen Provinz La Rioja – so entstand der Name dieses Pflanzenfressers. Seitdem fand man weitere Fossilien von mehr als 20 dieser Tiere. Der *Riojasaurus* lief wahrscheinlich auf allen Vieren, konnte sich aber wie der *Plateosaurus* auch auf die Hinterbeine stellen, um Blätter in mehreren Metern Höhe zu erreichen.

Maßstab

kleiner Kopf

großer, kräftiger Rumpf

langer, biegsamer Hals

Fundort

Dino-Steckbrief

Lateinischer Name *Saltasaurus loricatus*

Bedeutung Echse von Salta

Gruppe Sauropoden

Ernährung Pflanzenfresser

Länge 12 Meter

Gewicht 10 Tonnen

Zeit vor 70 Mio. Jahren

Fundort ① Argentinien

Streng geheim ...

Einige Knochenplatten des *Saltasaurus* endeten vermutlich in spitzen, vom Rücken abstehenden Stacheln.

Ergebnisse meiner Recherche

Peitschenschwanz

Entdeckt im ...   Buch   TV/Film

SALTASAURUS

Der *Saltasaurus* war einer der letzten riesenhaften Sauropoden und ein ungewöhnlicher Vertreter dieser Gruppe. Schützende Knochenhöcker und -platten bedeckten seinen Rücken, die kleineren so groß wie ein Knopf, die größten wie eine menschliche Hand. Außerdem hatte er einen kurzen Hals, einen muskulösen Schwanz und einen gedrungenen Körper. Der *Saltasaurus* war vermutlich in der Lage, sich auf die Hinterbeine zu stellen, um die Blätter der höchsten Bäume zu fressen.

Maßstab

kleine Schnauze

tonnenförmiger Rumpf mit schützenden Knochenplatten

biegsamer Hals

pfeilerartige Beine

Museum ○ Internet ○

Fundort

Dino-Steckbrief

Lateinischer Name *Shunosaurus lii*

Bedeutung Echse von Sichuan

Gruppe Sauropoden

Ernährung Pflanzenfresser

Länge 11 Meter

Gewicht 10 Tonnen

Zeit vor 170 Mio. Jahren

Fundort ① China

Streng geheim ...

Der *Shunosaurus* wurde älter als 100 Jahre und war der einzige Sauropode mit einem stacheligen Schwanzende.

Ergebnisse meiner Recherche

Entdeckt im ...   Buch   TV/Film

SHUNOSAURUS

Maßstab

Der *Shunosaurus* **gehörte zu den kleineren Sauropoden.** Er besaß den typisch kräftigen Körperbau und langen Schwanz, aber einen kürzeren Hals. Das auffälligste Merkmal war seine knochige Schwanzkeule, an deren Ende vermutlich mehrere Stacheln saßen. Der Schwanz konnte schnell herumgeschwungen werden und war eine nützliche Waffe. Bislang wurden Schädel-Überreste von fünf dieser Tiere gefunden. Diese Funde sind etwas Besonderes, denn der Schädel von Sauropoden war einer der kleinsten und zerbrechlichsten Körperteile und ist nur selten als Fossil erhalten.

*Stachelschwanz
zur Verteidigung*

*massiger
Körperbau*

kurze Beine

Fundort

Dino-Steckbrief

Lateinischer Name *Spinosaurus aegyptiacus*

Bedeutung Dornenechse

Gruppe Theropoden

Ernährung Fleischfresser

Länge 15 Meter

Gewicht 3 Tonnen

Zeit vor 98 Mio. Jahren

Fundort ① Nordafrika

Streng geheim ...

Die Zähne des *Spinosaurus* waren messerscharf und außerdem nicht gekrümmt wie bei anderen Theropoden.

Ergebnisse meiner Recherche

Entdeckt im ...   Buch ◯   TV/Film ◯

SPINOSAURUS

Dieser große, fleischfressende Theropode hatte einen krokodilähnlichen Kopf wie der ***Baryonyx*.** Er war vermutlich ein Aasfresser. Besonders auffällig war das Rückensegel aus bis zu zwei Meter langen, abstehenden Knochenfortsätzen, die mit Haut überzogen waren. Vielleicht diente es dazu, die Körpertemperatur zu regulieren oder einen Partner anzulocken. Diese Dinosaurierart ist auch Namensgeber einer Gruppe von Raubsauriern: der Spinosaurier.

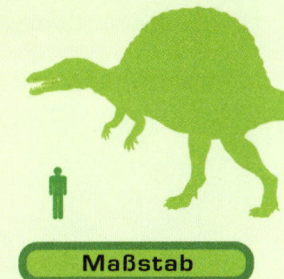

Maßstab

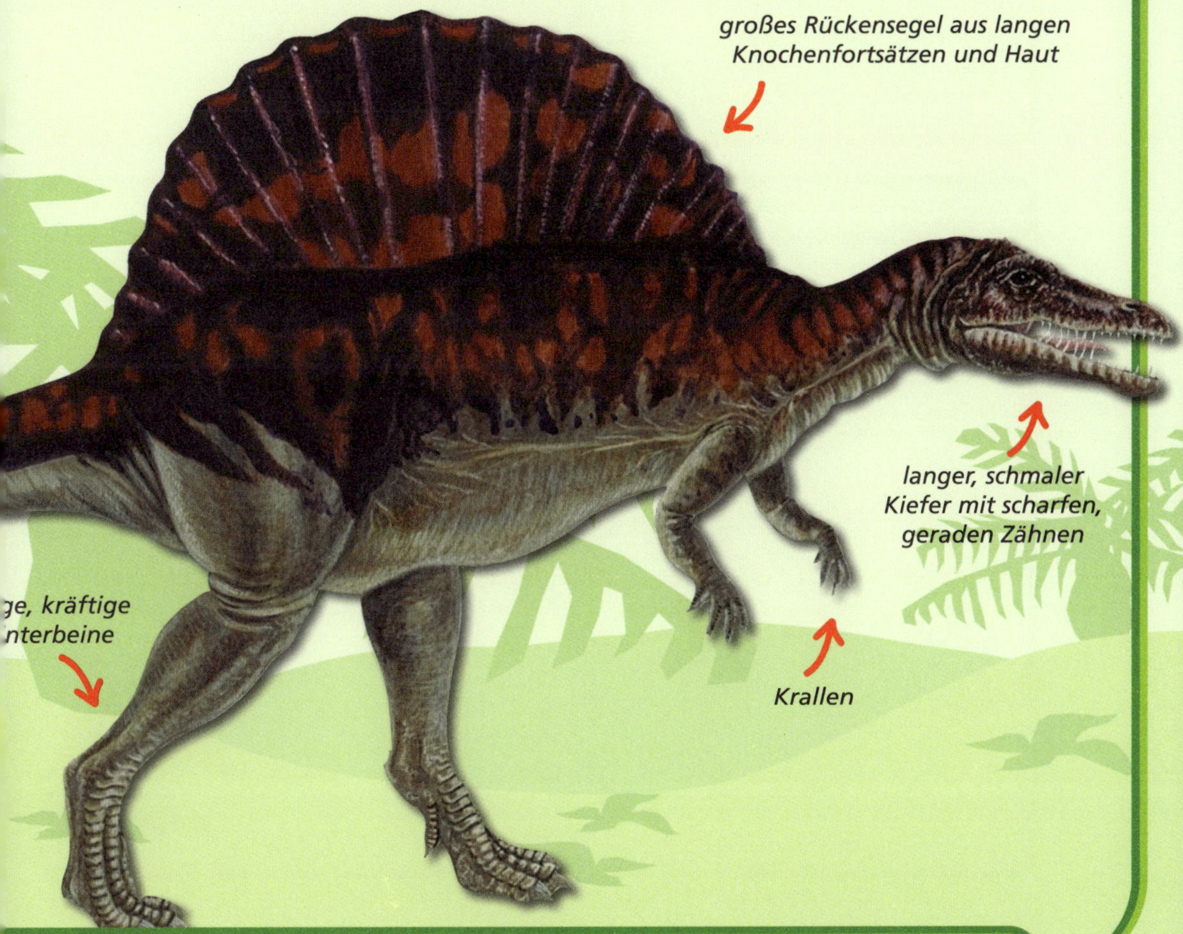
großes Rückensegel aus langen Knochenfortsätzen und Haut
langer, schmaler Kiefer mit scharfen, geraden Zähnen
ge, kräftige nterbeine
Krallen

Museum ○ Internet ○

Fundort

Dino-Steckbrief

Lateinischer Name *Stegosaurus armatus*

Bedeutung Plattenechse

Gruppe Stegosaurier

Ernährung Pflanzenfresser

Länge 9 Meter

Gewicht 3 Tonnen

Zeit vor 155 Mio. Jahren

Fundort ① USA

Streng geheim ...

Der *Stegosaurus* hatte für seine Größe das kleinste Gehirn von allen Dinosauriern. Es war nur so groß wie ein Golfball.

Ergebnisse meiner Recherche

Stachelschwanz zur Verteidigung

Entdeckt im ...   Buch   TV/Film

STEGOSAURUS

Maßstab

Die großen, blattförmigen Rückenplatten des *Stegosaurus* werfen viele Fragen auf. Sie bestanden aus leichtem Horn, möglicherweise mit Haut überzogen, und boten kaum Schutz. Vermutlich nahmen sie Wärme auf und regulierten die Körpertemperatur, sodass der Pflanzenfresser morgens schneller „durchstarten" konnte als andere kaltblütige Dinosaurier. Der *Stegosaurus* hatte einen kräftigen, stacheligen Schwanz, mit dem er nach Feinden schlagen konnte.

große, zweireihig angeordnete Knochenplatten vom Kopf bis zum Schwanz

winziger Kopf

SPÄTE TRIAS VOR 227–205 MIO. JAHREN

Fundorte

Dino-Steckbrief

Lateinischer Name *Syntarsus rhodesiensis*

Bedeutung Verschmolzener Knöchel

Gruppe Theropoden

Ernährung Fleischfresser

Länge 2 Meter

Gewicht 15 Kilogramm

Zeit vor 205 Mio. Jahren

Fundorte ① USA ② Afrika

Streng geheim ...

Der Schädelkamm des *Syntarsus* ist bei Fossilien aus Nordamerika vorhanden, fehlt aber bei Funden aus Afrika.

Ergebnisse meiner Recherche

Entdeckt im ...　　　**Buch** ◯　　　**TV/Film** ◯

SYNTARSUS

Dieser flinke Dinosaurier war einer der ersten Fleischfresser der Triaszeit. Der *Syntarsus* ist auch unter der Bezeichnung *Megapnosaurus* bekannt. Mit seinen langen, scharfen Krallen konnte er seine Beute packen und verletzen. In seinem Kiefer saßen viele spitze Zähne. Im afrikanischen Simbabwe fanden Forscher Knochen mehrerer *Syntarsus*-Exemplare und nehmen darum an, dass diese Tiere in Rudeln lebten. Der Name leitet sich von den vierzehigen Hinterbeinen mit verwachsenen Fußknöcheln ab. An dieser Art lässt sich gut nachvollziehen, wie sich die Dinosaurier von Nordamerika nach Afrika ausbreiteten.

Maßstab

Schädelkamm

großer Kiefer mit scharfen Zähnen

langer Schwanz

schlanker, leichter Körperbau

große Krallen

Museum   Internet

Fundort

Dino-Steckbrief

Lateinischer Name *Triceratops horridus*

Bedeutung Dreihorngesicht

Gruppe Ceratopsier

Ernährung Pflanzenfresser

Länge 9 Meter

Gewicht 5 Tonnen

Zeit vor 65 Mio. Jahren

Fundort ① USA

Streng geheim ...

Der *Triceratops* war doppelt so groß wie ein Nashorn. Das Leben als Herdentier schützte ihn bestens vor Feinden.

Ergebnisse meiner Recherche

Entdeckt im ...   Buch ○   TV/Film ○

TRICERATOPS

Der *Triceratops* war der größte Horngesicht-Dinosaurier oder *Ceratopsier* und keine leichte Beute für Fleischfresser wie den *Tyrannosaurus*. Die Hörner über den Augen hatten eine Länge von fast einem Meter, und sein Nackenschild aus Knochen war größer als ein Esstisch. Der *Triceratops* war vermutlich doppelt so schwer und massig wie ein Nashorn. Die meiste Zeit fraß er Pflanzen mit seinem spitzen, papageischnabelartigen Maul und zerkaute die Nahrung mit den vielen scharfkantigen Backenzähnen.

Maßstab

großer knochiger
Nackenschild

lange Hörner
über den Augen

spitzer, zahnloser
Schnabel

Fundort

Dino-Steckbrief

Lateinischer Name *Troodon formosus*

Bedeutung Verletzender Zahn

Gruppe Theropoden

Ernährung Fleischfresser

Länge 3 Meter

Gewicht 50 Kilogramm

Zeit vor 76 Mio. Jahren

Fundort ① USA

Streng geheim ...

Der *Troodon* hatte im Vergleich zur Körpergröße das größte Gehirn von allen Dinosauriern.

Ergebnisse meiner Recherche

Entdeckt im ...   Buch ◯   TV/Film ◯

TROODON

Dieser schlanke, leichtgewichtige Fleischfresser jagte vor allem kleine Eidechsen,
Vögel und Säugetiere. Fossilien zeigen, dass
der *Troodon* große Augen hatte. Die Schädel-
höhle lässt außerdem vermuten, dass er ein
großes Gehirn hatte und sehr gut sehen,
hören und riechen konnte. Der schnelle
Läufer würde einem Erwachsenen
ungefähr bis zur Brust reichen.
Forscher benannten ihn nach
dem Fund eines spitzen,
versteinerten Zahns.

Maßstab

langer
Peitschenschwanz

schmaler Kiefer

*Der Schädel hat große
Augenhöhlen. Der Troodon war
wahrscheinlich ein Nachtjäger.*

gefiederte
Vorderbeine

lange gebogene,
aufstellbare Kralle

dünne
Hinterbeine

Fundort

Streng geheim ...

Die Knochenplatten des *Tuojiangosaurus* verhinderten möglicherweise, dass sich sein Körper zu stark erhitzte.

Dino-Steckbrief

Lateinischer Name *Tuojiangosaurus multispinus*

Bedeutung Echse vom Tou-Fluss

Gruppe Stegosaurier

Ernährung Pflanzenfresser

Länge 7 Meter

Gewicht 1 Tonne

Zeit vor 150 Mio. Jahren

Fundort ① China

Ergebnisse meiner Recherche

Entdeckt im ...   Buch ◯   TV/Film ◯

TUOJIANGOSAURUS

Dieser Pflanzenfresser wurde nach dem Tuo-Fluss in China benannt. Er macht deutlich, dass sich Stegosaurier bis zur späten Jurazeit über fast alle Kontinente verbreitet hatten. Der *Tuojiangosaurus* hatte wie viele andere Stegosaurier Knochenplatten auf dem Rücken. Sie waren groß und dreieckig und verliefen bei ihm vermutlich senkrecht in zwei Reihen. Mit dem schnabelartigen Maul fraß er niedrig wachsende Pflanzen. Die vier langen Stacheln am Schwanzende waren V-förmig angeordnet und dienten zur Verteidigung.

Maßstab

Schwanzende mit vier Stacheln

zweireihig angeordnete Knochenplatten

kleiner Kopf mit schnabelartigem Maul

Fundort

Dino-Steckbrief

Lateinischer Name *Tyrannosaurus rex*

Bedeutung Tyrannen-Echse

Gruppe Theropoden

Ernährung Fleischfresser

Länge 12 Meter

Gewicht 6 Tonnen

Zeit vor 67 Mio. Jahren

Fundort ① USA

Streng geheim ...

Der *Tyrannosaurus* hatte 15 bis 25 Zentimeter lange Zähne. Sie waren stark genug, um Knochen zu zerbeißen.

Ergebnisse meiner Recherche

Entdeckt im ...   Buch   TV/Film

TYRANNOSAURUS REX

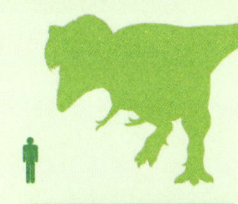

Maßstab

Der *Tyrannosaurus* galt lange als das größte **Raubtier, das je auf der Erde gelebt hat.** Inzwischen wissen Forscher, dass dieser Titel eigentlich dem *Giganotosaurus* zusteht. Trotzdem bleibt der *Tyrannosaurus* der am meisten gefürchtete Dinosaurier. Mit seinem weit geöffneten Maul hätte er leicht ein zehnjähriges Kind verschlingen können. Er konnte kurze Strecken mit bis zu 65 Stundenkilometern laufen. Der gefährliche Fleischfresser lebte in Nordamerika und ist einer der „jüngsten" Dinosaurier.

kräftiger Schwanz, um das Gleichgewicht zu halten

kräftiger, 1,60 Meter langer Kopf mit messerscharfen, gekrümmten Reißzähnen

starke Beine und riesige Füße mit Klauen

verkümmerte, fast nutzlose Vordergliedmaßen

Fundort

Dino-Steckbrief

Lateinischer Name *Velociraptor mongoliensis*

Bedeutung Schneller Räuber

Gruppe Theropoden

Ernährung Fleischfresser

Länge 2 Meter

Gewicht 20 Kilogramm

Zeit vor 85 Mio. Jahren

Fundort ① Asien

Streng geheim ...

Der *Velociraptor* war nicht größer als eine Deutsche Dogge und hatte vermutlich Federn an den Vorderbeinen.

Ergebnisse meiner Recherche

Entdeckt im ...   Buch   TV/Film

VELOCIRAPTOR

Der *Velociraptor* war ein starker, wendiger **Raubsaurier, der im Rudel jagte.** An jedem Hinterbein saß eine aufstellbare, scharfe Klaue, mit der er seiner Beute schwere Wunden zufügen konnte. Er lebte in der heutigen Wüste Gobi. Mit seinen kräftigen Hinterbeinen konnte er wohl so schnell rennen wie ein *Tyrannosaurus* und sogar auf seine Beute springen.

Maßstab

scharfe, gebogene Zähne →

langer Schwanz, um das Gleichgewicht zu halten

lange, muskulöse Hinterbeine

riesige, sichelartige Klaue, um Beute zu reißen

Museum ◯ Internet ◯

Adressen für deine Spurensuche

Möchtest du hautnah erfahren, wie Paläontologen mittels einer Handvoll Knochen in detektivischer Kleinarbeit dem Aussehen eines vor rund 65 Millionen Jahren verstorbenen Dinosauriers auf die Spur kommen? Riesige Dinosaurier-Skelette, lebensgroße Modelle und umfangreiche Fossiliensammlungen warten darauf, erforscht zu werden – in Erlebnisparks und Museen!

ERLEBNISPARKS – EINE AUSWAHL

Saurierpark Kleinwelka
Am Saurierpark 1
D-02625 **Bautzen**
www.saurierpark.de
Etwa 200 Saurier-Modelle, Reich der Giganten mit Riesenrutsche, Unterwasserwelt, Netzkletterburg, Ausgrabungsstätte

Dinosaurier-Park Münchehagen
Alte Zollstr. 5
D-31547 **Rehburg-Loccum** (bei Hannover)
www.dinopark.de
220 lebensgroße Modelle, Schaupräparationswerkstatt, echte Knochen und Eier zum Anfassen, Mitmach-Halle

Styrassic Park
Dinoplatz 1
A-8344 **Bad Gleichenberg**
Österreich
www.styrassicpark.at
Über 75 Dino-Modelle, Streifzug durch die Menschheitsgeschichte, Kinderspielplatz mit Riesen-Dschungelrutsche, Dinohaus (Dinokrallen abgießen, Dinokino)

Gondwana – Das Praehistorium
Alexander-von-Humboldt-Str. 8–10
D-66578 **Schiffweiler** (Saarland)
Urzeit-Erlebnispark mit über 30 animierten Tiermodellen, Skelett der Riesenechse Argentinosaurus, interaktive Zeitreise durch die Erdgeschichte und 3D-Kino

MUSEEN – EINE AUSWAHL

Urwelt-Museum Oberfranken
Kanzleistr. 1
D-95444 **Bayreuth**
www.urwelt-museum.de
Garten mit Dino-Modellen, Muschelkalksaurier- und Fischsaurier-Skelette, Mineralien

Museum für Naturkunde
Invalidenstr. 43
D-10115 **Berlin**
www.naturkundemuseum-berlin.de
Weltweit größtes Dino-Skelett, Fossilien, Entwicklung der Präparationstechniken

Museum für Naturkunde
Münsterstr. 271
D-44145 **Dortmund**
www.museumfuernaturkunde.dortmund.de
Lebensgroße Saurier-Modelle, Urpferd-Fossil, farbenprächtige Kristalle, tolle Museumsrallye möglich

Jura-Museum
Burgstr. 19
D-85072 **Eichstätt**
www.jura-museum.de
Original eines seltenen Urvogels, Schaupräparation, monatliche Forschungswerkstatt

Senckenbergmuseum
Senckenberganlage 25
D-60325 **Frankfurt am Main**
www.senckenberg.de
Umfangreichste Dino-Ausstellung Deutschlands, Kino, Geopark mit Dino-Fußabdruck

Urwelt-Museum Hauff
Aichelberger Str. 90
D-73271 **Holzmaden** (bei Esslingen)
www.urweltmuseum.de
Größtes privates Naturkundemuseum, lebensgroße Modelle, Dino-Park (nachgebildetes Grabungsfeld mit Saurier zum Freilegen)

Staatliches Museum für Naturkunde
Erbprinzenstr. 13
D-76133 **Karlsruhe**
www.smnk.de
Abguss des riesigen Schädels eines Tyrannosaurus rex, Modell einer Riesenflugechse

Naturkundemuseum Kassel
Steinweg 2
D-34117 **Kassel**
www.naturkundemuseum-kassel.de
Fast lebensechte Nachbildung eines Dinos, Saurierspuren, Mammut-Modell mit Kind

Paläontologisches Museum München
Richard-Wagner-Str. 10
D-80333 **München**
www.palmuc.de/palmuseum
Große Säugetier- und beeindruckende Saurier-Skelette, umfangreiche Fossiliensammlung

Westfälisches Museum für Naturkunde
Sentruper Str. 285
D-48161 **Münster**
www.lwl.org/LWL/Kultur/WMfN
Dinosaurier-Zeitreise, Dino-Skelette, lebensechte Rekonstruktionen verschiedener Saurier

Staatliches Museum für Naturkunde am Löwentor
Rosenstein 1
D-70191 **Stuttgart**
www.naturkundemuseum-bw.de
Fossilfunde, Lebensentwicklung der letzten 600 Millionen Jahre

Heimatmuseum Trossingen
Marktplatz 6
D-78647 **Trossingen** (bei Tuttlingen)
www.museum-auberlehaus.de
Saurier und Fossilien, vollständige Skelettabgüsse, „versteinertes Aquarium"

Zeittunnel Wülfrath
Hammerstein 5
D-42489 **Wülfrath**
www.wuelfrath.net/zeittunnel
400 Millionen Jahre Erdgeschichte mit allen Sinnen erleben, Originalfossilien, Filmausschnitte, Mitmachstationen

Naturhistorisches Museum Wien
Burgring 7
A-1010 **Wien**
Österreich
www.nhm-wien.ac.at
Eines der 10 besten Museen der Welt mit riesigen Saurier-Skeletten, 20 Millionen Objekte, früheste Sammlungen über 250 Jahre alt

Sauriermuseum Aathal
Zürichstr. 69
CH-8607 **Aathal-Seegräben**
Schweiz
www.sauriermuseum.ch
Dino-Giardino: Erlebnisgarten und Forscherparadies, Fußspuren der Giganten, Dinos im Film, Dinomania, Köpfe der Kolosse, Saurier der Schweiz

Naturhistorisches Museum Basel
Augustinergasse 2
CH-4001 **Basel**
Schweiz
www.nmb.bs.ch
Dinosaurier-Skelette und lebensgroße Modelle, Dino-Ei mit Embryo, Sandkasten mit verborgenem Skelett zum Ausgraben, faszinierende Mineralien und Versteinerungen

Sauriermuseum Frick
Schulstr. 22
CH-5070 **Frick**
Schweiz
www.sauriermuseum-frick.ch
Vollständiges Skelett des Dinosauriers Plateosaurus, viele Fossilien, Film über Entdeckungsgeschichte der Fricker Dinos, Schaupräparation, Dino-Lehrpfad

Kulturama
Englischviertelstr. 9
CH-8032 **Zürich**
Schweiz
www.kulturama.ch
Spannende Zeitreise: Entwicklung der Erde bis heute, vergleichende Anatomie mit echten Skeletten, Urmenschbüsten, Erlebnispfad

INTERNETLINKS

www.dinosaurier-interesse.de
www.dinosaurier-interesse.de/web/Kinder1.html
Die Seite für Dinosaurier-Interessierte und interessierte Dinosaurier, mit speziellen Seiten für Erwachsene und Kinder

www.dinosaurier.org
Mit den aktuellsten Infos aus Forschung und Entdeckung der Dinosaurier

www.dinosaurier-info.de
Mit vielen interessanten Informationen über Dinosaurier und schönen Dino-Grafiken verschiedener Künstler

www.sfk-oberfranken.de/dinos/dinextr.htm
Kurze Informationen über die größten, höchsten, kleinsten, schnellsten, dicksten, klügsten, ältesten, gepanzertsten und gefährlichsten Dinosaurier

Wenn du selbst auf die Suche nach Internetlinks zu urweltlichen Themen gehen möchtest, hilft dir die spezielle Kinder-Suchmaschine www.blinde-kuh.de. Gib dort Stichworte wie Dinosaurier oder die Namen der Tiere ein, über die du mehr wissen willst.

(Stand: Februar 2009)

GLOSSAR

Aasfresser Ein Tier, das sich von toten Tieren ernährt

Ankylosaurier pflanzenfressende Dinosaurier mit einer Panzerung aus Knochenplatten

Ceratopsier (Horngesicht-Echsen) Dinosaurier, die Hörner auf der Schnauze und über den Augen hatten

Dinosaurier Eine Gruppe von urzeitlichen Reptilien, bei denen die Beine direkt unter dem Rumpf ansetzten

Evolution Die Entwicklung und Veränderung von Pflanzen und Tieren über lange Zeiträume, durch die sie sich an neue Umweltbedingungen anpassen

Fossil Überreste früherer Tiere oder Pflanzen, die meist in Stein eingeschlossen und so erhalten wurden

Gastrolith Magenstein, der von einigen Dinosauriern geschluckt wird, um Pflanzenteile zu zerkleinern und besser zu verdauen

Herbivoren (Pflanzenfresser) Tiere, die sich nur oder meist von Pflanzen ernähren

Karnivoren (Fleischfresser) Tiere, die nur oder meist Fleisch fressen

Koprolithen versteinerter Dinosaurier-Kot

Mesozoikum Erdzeitalter der Dinosaurier

Omnivoren (Allesfresser) fleisch- und pflanzenfressendes Tier

Ornithischia (Vogelbecken-Dinosaurier) Dinosaurier-Hauptgruppe. Der Beckenknochen war wie der eines Vogels gebaut und sie waren alle Pflanzenfresser.

Ornithopoden pflanzenfressende Dinosaurier mit vogelähnlichen Füßen

Pachycephalosaurier Dinosaurier mit sehr dicker, knochiger Schädelkuppe

Paläontologe Wissenschaftler, der urzeitliche Tiere und Pflanzen erforscht

Prosauropoden (vor den Echsenfüßern) Dinosaurier, die auf zwei und vier Beinen laufen konnten und Pflanzen fraßen. Sie lebten vor den Sauropoden in der späten Trias- und frühen Jurazeit.

Raubtier Ein fleischfressendes Tier, das andere Lebewesen jagt und frisst

Reptilien Eine Gruppe von Tieren, die eine Schuppenhaut haben und Eier legen. Zu ihnen gehören Dinosaurier, aber auch Krokodile, Eidechsen und Schlangen.

Saurischia (Echsenbecken-Dinosaurier) Dinosaurier-Hauptgruppe. Ihr Beckenknochen war wie der einer Echse gebaut, und sie waren Fleisch- oder Pflanzenfresser.

Sauropoden (Echsenfüßer) Riesige, pflanzenfressende Dinosaurier mit langen Hälsen und Schwänzen. Sie liefen auf vier Beinen und lebten im Jura und der Kreide.

Stegosaurier pflanzenfressende Dinosaurier, die Knochenplatten und Stacheln auf dem Rücken trugen

Tarnung Das Tier ist schwer oder gar nicht zu erkennen, weil seine Form, Farbe oder sein Muster der Umgebung ähnelt.

Theropoden fleischfressende Dinosaurier, die auf zwei Beinen liefen

Warmblüter Tier mit gleichbleibender Körpertemperatur

Schambein (Pubis) Beckenknochen, dessen Anordnung Dinosaurier in Ornithischia und Saurischia untergliedert